DESSERTS
de fête

Sommaire

Lorsque nous testons une recette, nous évaluons au préalable son niveau de difficulté. Dans ce livre, nous avons utilisé les notations suivantes :

Une marmite indique que la recette est simple et rapide à préparer ; elle est parfaite pour les débutants.

Deux marmites indiquent que la recette nécessite un peu plus d'attention ou un peu plus de temps.

Trois marmites désignent un plat particulier, nécessitant plus de temps, d'attention et de patience, mais le résultat en vaut la peine.

IMPORTANT
Les personnes susceptibles de redouter les conséquences d'une éventuelle salmonellose (personnes âgées, femmes enceintes, jeunes enfants et personnes souffrant d'une déficience immunitaire) doivent demander l'avis de leur médecin avant de consommer des œufs crus.

CONFECTIONNER DE SOMPTUEUX GÂTEAUX

À la vue des splendides créations présentées dans cet ouvrage, d'aucuns risquent de penser que la confection de somptueux gâteaux s'apparente à une entreprise de grande envergure. En réalité, rien de plus simple que de cuire un gâteau et de le décorer. Il suffit de suivre les indications à la lettre et de prendre le temps d'organiser chaque étape.

COMMENT UTILISER CE LIVRE ?

Après cette introduction, vous trouverez les recettes des huit gâteaux de base utilisés tout au long du livre : gâteau au beurre, gâteau au chocolat classique, gâteau à la carotte, gâteau aux fruits, gâteau au chocolat riche, gâteau à la noix de coco, génoise et génoise classique. Elles dispensent tous les détails nécessaires à la confection de ces gâteaux et vous proposent des variantes en termes de taille et de forme.

Ensuite, les recettes de décoration de somptueux gâteaux vous sont dévoilées étape par étape. En tête de la liste des ingrédients figurent le nom et la taille du gâteau de base utilisé dans la recette (vous avez généralement le choix entre plusieurs gâteaux de base). Il est souvent possible de préparer ces gâteaux à l'avance, il suffit de lire les recommandations relatives au stockage. Vous pouvez ensuite vous consacrer à la décoration proprement dite.

POUR COMBIEN DE PERSONNES ?

Nous n'avons pas indiqué de nombre de personnes pour nos recettes car c'est une donnée très subjective. A l'évidence, plus le gâteau est riche, plus les parts seront petites. En général, un gâteau de base de 23 cm de diamètre est prévu pour une dizaine de personnes. Notre Gâteau de baptême est prévu pour 20 à 30 personnes, le Gâteau de mariage traditionnel pour 70 à 80 et le Gâteau

de mariage continental pour 50 personnes. Si vous pensez recevoir plus d'invités, confectionnez quelques gâteaux supplémentaires, nappez-les d'un glaçage simple, présentez-les en retrait et au moment de servir, dressez une tranche de « vrai » gâteau et une tranche de complément sur la même assiette.

LES MOULES

Le choix de formes, de tailles et de matériaux est varié, allant des moules classiques ronds ou carrés aux moules individuels en forme de cœur, de losanges, de cloches, etc… Dans ce livre, nous avons essayé d'utiliser les moules les plus courants. Libre à vous d'aller fouiner dans des magasins spécialisés dans les arts de la table. Ils proposent une large gamme de moules et de matériel qui vous facilitera grandement la tâche. Certains grands magasins ont un rayon de matériel culinaire bien achalandé.

La règle d'or concernant les moules à gâteaux consiste à mesurer leur diamètre. Il est tout à fait possible d'adapter une recette pour confectionner un gâteau plus gros en variant la taille du moule. Commencez par calculer la quantité d'ingrédients nécessaire pour remplir votre plus grand moule. Si la recette de base est calculée pour un gâteau rond de 20 cm de diamètre, prenez un moule de cette dimension et remplissez-le d'eau. Versez cette eau dans le plus grand moule et continuez ainsi jusqu'à ce que celui-ci soit plein. Ainsi, vous saurez si vous avez besoin de 2 ou 3 portions de la préparation de base pour le garnir.

CHEMISER UN MOULE

Pour les gâteaux de taille moyenne, il est souvent nécessaire de chemiser uniquement le fond du moule après l'avoir graissé avec du beurre fondu ou de l'huile (n'utilisez pas une huile à la saveur forte) car leur temps de cuisson est assez court. Posez le moule sur un morceau de papier sulfurisé, tracez son contour au crayon et découpez la forme que vous placez au fond du moule. D'autres gâteaux, comme notre gâteau aux fruits, qui cuisent plus longtemps, ou d'autres qui renferment une grande quantité de sucre, nécessitent une protection supplémentaire, sous le moule et autour de celui-ci. C'est pourquoi nous demandons, dans la recette de base, d'envelopper le moule dans plusieurs épaisseurs de papier journal et de le poser, dans le four, également sur du papier journal. La température du four étant assez basse, cette solution ne présente aucun danger. Pour chemiser les moules, choisissez du papier sulfurisé de bonne qualité.

FABRIQUER UN COLLIER

Certains gâteaux de ce livre sont cuits avec un collier. Celui-ci augmente la hauteur du gâteau – le gâteau aux fruits et le gâteau au chocolat riche sont cuits avec des colliers qui augmentent leur hauteur mais permettent aussi une protection supplémentaire durant la cuisson. Le gâteau à la carotte nécessitera un collier si vous remplacez le moule de 22 cm par un moule de 20 cm. Sans l'ajout d'un collier, la préparation, que vous transférez dans un espace plus petit, déborderait du moule.

Une seule épaisseur de papier sulfurisé suffit pour un collier destiné à un gâteau de taille moyenne. Les gâteaux plus gros et les gâteaux aux fruits demandent deux épaisseurs de papier, à la fois pour chemiser le fond du moule et pour fabriquer le collier.

Pour fabriquer le collier, graissez le moule. Découpez une bande de papier

Faire un rentré sur la longueur et inciser en biais à 1 cm d'intervalle jusqu'à la pliure.

Plaquer le collier contre la paroi du moule, bordure crénelée applatie au fond.

sulfurisé suffisamment longue pour couvrir le pourtour extérieur du moule et suffisamment haute pour dépasser le bord supérieur de 5 cm. Faites un rentré de 2 cm environ sur la longueur de la bande. Pratiquez des incisions en biais à 1 cm d'intervalle jusqu'à la pliure. Plaquez le collier contre la paroi interne du moule, le bord crénelé reposant à plat sur le fond du moule. Découpez ensuite un disque de papier sulfurisé en prenant le moule comme gabarit. Placez le disque de papier au fond du moule, sur la bordure crénelée du collier.

CUIRE LES GÂTEAUX DE BASE

De l'organisation et du bon sens sont essentiels pour réaliser de somptueux gâteaux. En premier lieu, lisez la recette en entier pour vérifier si vous disposez du matériel et du temps requis (pour la décoration, il faut souvent laisser durcir, figer ou sécher quelque chose, parfois pendant 12 heures, voire plus). Avant de commencer, chemisez tous vos moules et préchauffez le four. Avant d'allumer celui-ci, assurez-vous que les grilles sont placées à la bonne hauteur et que les moules logent à l'intérieur sans quoi vous serez obligé de cuire vos gâteaux en plusieurs fois.

Lorsque vous confectionnez des génoises, battez ensemble les œufs et le sucre jusqu'à obtention d'une préparation très épaisse sur laquelle vous pourrez dessiner un huit. Lorsque vous battez du sucre et du beurre ensemble, la recette spécifie « jusqu'à obtention d'une mousse pâle » – prenez le temps d'obtenir ce résultat car cela aidera votre gâteau à lever.

CONFECTIONNER DEUX GÂTEAUX OU PLUS

Pour beaucoup de gâteaux présentés dans ce livre, vous aurez besoin de confectionner deux gâteaux de base

ou plus avant de commencer. Souvent, vous multiplierez la préparation de base par deux ou par trois. Si vous utilisez trois préparations de base ou plus, il sera préférable d'en confectionner une double et une simple puis de les mélanger avant de les répartir dans les moules. Vous obtiendrez un résultat plus précis que si vous triplez toutes les quantités. Concernant les quantités, nous avons essayé d'être le plus précis possible mais lorsqu'elles sont doublées ou triplées, une fois les moules garnis, il reste parfois un peu de préparation. Si vous ne voulez pas la gaspiller, faites-la cuire dans un petit moule ou dans une plaque à madeleines ou à muffins.

DANS LE FOUR

Une fois la préparation transférée dans les moules, lissez le dessus à la spatule et assurez-vous que les angles du moule sont bien remplis. Placez les gâteaux au centre du four afin qu'ils cuisent et dorent de façon uniforme. Si le dessus semble dorer trop vite, couvrez le gâteau de papier d'aluminium sans le serrer car le gâteau se détremperait.

Au terme du temps de cuisson recommandé, le gâteau doit être ferme au toucher et avoir ses bords légèrement rétractés. Le centre ne doit pas être tremblotant. Si une brochette insérée en son milieu ressort nette, le gâteau est cuit. Si ce n'est pas le cas, enfournez à nouveau le gâteau en le surveillant. Les gâteaux aux fruits demandent un peu plus d'attention : ne confondez pas des fruits collants avec un gâteau pas assez cuit. En outre, pour vérifier la cuisson, n'insérez pas la brochette dans une fissure car le résultat obtenu sera faussé.

Dans nos temps de cuisson, nous avons prévu 5 à 10 minutes supplémentaires pour chaque gâteau car les fours varient légèrement. Vous pouvez donc tester la cuisson 5 minutes avant la fin du temps préconisé. Certains fours dorent de façon irrégulière ; il sera peut-être nécessaire de tourner le gâteau en cours de cuisson.

Si vous confectionnez deux gâteaux ou plus dans des moules de taille différente, n'oubliez pas d'ajuster les temps de cuisson en vous aidant de la table figurant à la fin de la recette de base.

Il vous arrivera parfois de cuire deux gâteaux en même temps. Si possible, placez-les sur la même grille sans faire toucher les moules. Si votre four n'est pas assez grand, placez-les sur deux grilles différentes et intervertissez-les vers la fin de la cuisson en notant le temps de cuisson de chacun des gâteaux (le plus petit cuira plus vite). N'ouvrez pas le four avant l'expiration du temps de cuisson le plus court.

GLACER UN GÂTEAU

Avant de glacer votre gâteau, éliminez les irrégularités de surface afin de faciliter le glaçage et de lui donner un bel aspect lissé. Avec un couteau-scie, couper la partie

Couper la partie supérieure bombée du gâteau et lui donner une surface plane.

supérieure bombée du gâteau. Pour obtenir une surface vraiment plane, retournez le gâteau et le fond lisse deviendra le dessus.

Les gâteaux destinés à être glacés avec un glaçage aux amandes ou un glaçage au fondant doivent être très lisses, notamment les gâteaux aux fruits.

GLAÇAGE AUX AMANDES
(Pâte d'amandes - voir note)

750 g de sucre
200 g d'amandes en poudre
2 jaunes d'œuf
2 cuil. à soupe de xérès doux
1 cuil. à soupe de jus de citron
quelques gouttes d'essence
    d'amande amère

Tamiser le sucre glace dans une grande jatte puis en prélever une tasse à utiliser lors du pétrissage. Incorporer les amandes au sucre et creuser un puits au centre. Mélanger les jeunes d'œuf, le xérès, le jus de citron et l'essence d'amande amère et verser le tout dans le puits. Remuer au couteau jusqu'à obtention d'une préparation ferme.

Utiliser le sucre réservé pour saupoudrer un plan de travail et pétrir le glaçage pendant 3-5 minutes, en ajoutant du sucre glace si nécessaire. Pétrir jusqu'à obtention d'un glaçage lisse et souple.

L'utiliser immédiatement ou bien l'envelopper dans du fil alimentaire et le conserver dans un récipient hermétique pendant 3 jours maximum. Pour 1 kg.

Note : le glaçage aux amandes peut être remplacé par de la pâte d'amandes.

Le glaçage aux amandes et le glaçage au fondant (parfois appelé glaçage anglais) s'achètent dans le

Colmatez les trous et les fissures avec de petits bouts de glaçage.

commerce ou bien se confectionnent en suivant les recettes proposées dans ces pages. Le glaçage aux amandes maison contient du jaune d'œuf cru et ne

Faire pénétrer les petits bouts de glaçage avec un rouleau à pâtisserie.

peut donc pas se conserver aussi longtemps qu'un glaçage tout prêt.

Enduisez le gâteau d'une fine couche de confiture d'abricots pour que le glaçage adhère bien au gâteau. Abaissez le glaçage sur un plan de

Si vous aimez confectionner des gâteaux, investissez dans un outil à lisser le glaçage.

GLAÇAGE AU FONDANT

5 cuil. à café de gélatine
125 ml de glucose liquide
1 kg de sucre glace

Mettre la gélatine dans une petite casserole avec 3 cuillerées à soupe d'eau. Ajouter le glucose et remuer sur feu doux jusqu'à dissolution de la gélatine. Retirer du feu et laisser refroidir pendant une minute.

Tamiser le sucre glace dans une grande jatte puis en prélever une tasse pour le pétrissage. Creuser un puits au centre et verser le mélange à la gélatine dedans. Remuer avec une cuiller en bois pour bien mélanger puis pétrir avec une main jusqu'à obtention d'une pâte. Ajouter un peu de sucre glace si nécessaire. Transférer le glaçage sur un plan de travail saupoudré de sucre glace et le pétrir jusqu'à ce qu'il soit lisse et malléable. Ajouter du sucre glace si nécessaire pour éviter qu'il ne colle.

L'utiliser immédiatement ou bien l'envelopper dans du film alimentaire et le conserver dans un récipient hermétique placé dans un endroit frais (pas au réfrigérateur). Pour 1 kg de glaçage.

travail saupoudré de sucre glace. Soulevez-le avec le rouleau à pâtisserie puis déposez-le sur le gâteau. Saupoudrez vos mains de sucre glace et lissez le glaçage en le faisant bien adhérer dans les angles et sur les côtés. Coupez le surplus de glaçage. Percez les bulles d'air avec une aiguille et aplanir le glaçage de la paume de la main. Si l'on utilise plusieurs couches de glaçage (souvent les gâteaux sont

Badigeonner le glaçage d'un peu de blanc d'œuf battu pour coller la couche suivante.

décorés de glaçage aux amandes et d'une couche de glaçage au fondant), laissez sécher la première couche pendant 24 heures environ avant d'appliquer la suivante. Badigeonnez le glaçage d'un peu de blanc d'œuf battu pour faire adhérer la couche suivante puis abaissez le glaçage et couvrez le gâteau comme précédemment. Laissez sécher pendant au moins 48 heures.

Conservez toujours les glaçages dans du film alimentaire pour les empêcher de sécher et de former une croûte. Pour colorer un glaçage, ajoutez le colorant goutte à goutte à l'aide d'une pique à cocktail. Les tons pastel sont plus attrayants que les tons vifs.

Lorsque vous utilisez un glaçage à étaler, comme une ganache ou une crème au beurre, commencez par appliquer une fine « sous-couche » puis étalez le reste par-dessus.

PASTILLAGE

375 g de sucre glace
1 cuil. à café 1/2 de gélatine
2 cuil. à café de glucose liquide

Tamiser le sucre glace dans une jatte puis en prélever une tasse pour le pétrissage. Porter à ébullition une petite casserole d'eau puis la retirer du feu. Dans un bol, éparpiller la gélatine sur 2 cuillerées à soupe d'eau froide. Placer le bol dans la casserole d'eau chaude et remuer jusqu'à dissolution de la gélatine. Retirer le bol de la casserole et ajouter le glucose. Remuer jusqu'à ce qu'il soit fondu. Laisser refroidir mais pas figer, puis verser le mélange dans le sucre glace. Malaxer délicatement jusqu'à obtention d'une pâte. Saupoudrer un plan de travail du sucre glace réservé et pétrir la pâte jusqu'à ce qu'elle soit lisse et malléable. Envelopper de film alimentaire et conserver dans un récipient hermétique à l'abri de la chaleur pendant 3 jours maximum.

DÉCORATIONS

Après l'étape du glaçage, vient celle de la décoration. Allez regarder dans votre supermarché, dans un magasin spécialisé dans les arts de la table ou dans les fournitures pour pâtisserie. Vous glanerez quelques idées qui vous permettront de réussir de fabuleux gâteaux. Les poches à douilles s'avèrent indispensables pour

Découper un carré de papier sulfurisé et le plier en deux en diagonale.

Enrouler le papier pour former un cône.

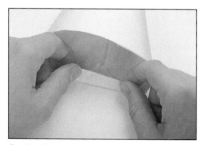

Replier le bord supérieur plusieurs fois pour maintenir la poche en place.

dessiner lettres et décors. Vous pouvez les fabriquer avec du papier en suivant les indications ci-dessous :

Pour un usage fréquent, il est préférable d'acheter des poches lavables. Les douilles (en plastique ou en inox) existent dans de nombreux calibres et de multiples formes.

TRAVAILLER LE CHOCOLAT

Vous remarquerez que ce livre préconise une méthode classique pour faire fondre le chocolat – il est impossible de mettre du chocolat dans une casserole et de poser celle-ci directement sur la flamme. Le chocolat doit être chauffé à la chaleur indirecte. Hachez le chocolat en petits morceaux et mettez-le dans une jatte résistante à la chaleur. Posez celle-ci sur un bain-marie d'eau bouillante en veillant à ne pas faire tremper le fond de la jatte dans l'eau. Remuez de temps en temps jusqu'à ce que le chocolat soit fondu. Ne laissez pas tomber d'eau dans le chocolat ;

Mettre le chocolat dans une jatte et la poser sur un bain-marie d'eau bouillante.

celui-ci formerait une masse épaisse et dure.

Sinon, faites fondre le chocolat dans un four à micro-ondes sur la position maximum pendant 30 secondes. Le chocolat gardera sa forme initiale ; il suffira de le remuer pour voir s'il a fondu ou non.

FLEURS EN GLAÇAGE

Si vous ne manquez pas d'audace, essayez de confectionner des fleurs vous-même avec du pastillage. Teintez une petite portion de pâte avec du colorant alimentaire jaune et façonnez-la en plusieurs boules. Faites un crochet à l'une des extrémités d'un morceau de fil métallique décoratif et pressez fermement une boule jaune autour de celui-ci pour créer le cœur de la fleur. Laissez sécher pendant 24 heures dans un endroit sec et sombre.

Abaissez le pastillage blanc sur un plan de travail saupoudré de maïzena et découpez des formes de marguerite avec un découpoir. Couvrez le pastillage car il sèche très vite. Aplatissez légèrement chaque pétale avec les doigts et formez une pointe à chaque extrémité. Badigeonnez d'eau le cœur de la fleur et passez le fil au milieu des pétales blanc. Pressez délicatement les pétales vers le centre pour les maintenir en place.

Piquez le fil dans une boule de pastillage couverte de film plastique alimentaire et laissez sécher. Ou bien posez-les sur le bord de la table pour les faire sécher. Il faudra peut-être suspendre les fleurs tête en bas pour que les pétales ne retombent pas. Toutes les fleurs ne sont pas parfaites. Une fois sèches, conservez-les dans un récipient hermétique. Confectionnez-en beaucoup et réunissez-les en bouquet. Masquez le fil avec du floratap (ruban à masquer utilisé par les fleuristes) et disposez les fleurs sur le gâteau en prenant garde à ne pas insérer les fils directement dans le gâteau (quand vous utilisez des décorations en fil métallique, assurez-vous que vous les avez retirées du gâteau avant de le découper). Vous

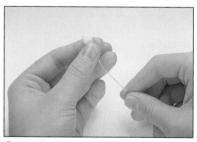

Presser fermement la boule jaune autour de l'extrémité du morceau de fil métallique.

Découper les pétales dans le pastillage blanc à l'aide d'un découpoir.

Formez une pointe à chaque extrémité du pétale.

Piquer le fil au milieu des pétales pour installer le cœur et terminer la fleur.

pouvez utiliser le pastillage pour confectionner une vaste gamme de pièces décoratives.

Si vous souhaitez peindre vos décors en glaçage, assurez-vous qu'ils sont bien secs. Déposez un peu de couleur seulement sur le pinceau pour obtenir un résultat plus réaliste. Vous pouvez également saupoudrer votre gâteau de poudres décoratives de couleurs douces. Pour atténuer une couleur, il suffit d'ajouter un peu de maïzena à la poudre.

PLAQUES À GÂTEAU

Si vous ne possédez pas de plaques à gâteau, vous pouvez assembler la plupart des gâteaux sur des plats à surface complètement plane afin que le centre du gâteau ne s'affaisse pas. Les plaques s'achètent dans des magasins spécialisés dans les arts de la table. Vous pouvez également en découper dans du carton fort ou du polystyrène. Pour les gâteaux lourds, utilisez du panneau de particules et recouvrez-le de papier décoratif.

Pour couvrir une plaque à gâteau ronde, posez celle-ci sur l'envers d'un morceau de papier décoratif. Tracez un trait en suivant le contour la plaque puis

tracez un second trait à 5 cm du premier cercle. Découpez le papier en suivant ce dernier trait. Pratiquez des incisions en biais à 1 cm d'intervalle jusqu'au trait intérieur. Reposez la plaque au centre du papier et repliez la bordure coupée par-dessus. Fixez-la en place avec du ruban adhésif. Coupez un autre morceau de papier un peu plus petit que la plaque et collez celui-ci sur l'envers pour

Inciser le pourtour du disque en diagonale.

Replier la bordure crénelée sur l'envers du carton et la fixer avec du ruban adhésif.

masquer la bordure repliée.

Pour couvrir une plaque carrée, découpez un carré en papier décoratif 5 cm plus grand que la plaque puis repliez les côtés sur l'envers et fixez-les en place avec du ruban adhésif. Appliquez-vous au niveau des angles.

Pour fixer le gâteau à la plaque, utilisez une colle faite avec un peu de blanc d'œuf et du sucre glace.

CONSOLIDER LES GÂTEAUX FOURRÉS

Les gâteaux fourrés, composés de plusieurs biscuits, ou fonds, notamment les gâteaux aux fruits particulièrement lourds, doivent être consolidés avec des brochettes en bois et des plaques entre

les biscuits pour qu'ils ne s'affaissent pas. Posez les biscuits sur des plaques un peu plus petites qu'eux. Tracez un trait figurant la hauteur du gâteau sur un morceau de papier. Posez le papier sur le biscuit inférieur et utilisez-le comme gabarit pour déterminer l'endroit où vous allez placer vos brochettes, à 3 cm du bord du biscuit supérieur. Pour les gâteaux carrés, placez une brochette

Marquez l'endroit où se termine le glaçage et coupez la brochette à ce niveau.

dans chaque angle et pour les gâteaux ronds, placez trois brochettes à égale distance l'une de l'autre. Piquez les brochettes, pointe en bas, dans le glaçage puis repositionnez-la pointe vers le haut. Marquez d'un trait l'endroit où se termine le glaçage et coupez la brochette au niveau du trait.

TRANSPORTER UN GÂTEAU

Si vous avez besoin de transporter votre gâteau, procédez avec précaution – après tous les efforts consentis, un accident serait malvenu. Si vous transportez un gâteau fourré, il sera probablement plus simple d'emballer chaque biscuit séparément et de les assembler sur place en arrivant. Choisissez une boîte de la même taille que la plaque pour limiter le déplacement du gâteau. Découpez une fine bande de mousse et placez-la au fond de la boîte. Utilisez une bande pliée de papier sulfurisé pour mettre le biscuit dans la boîte et le sortir.

Il est préférable de conserver les gâteaux décorés avec du glaçage au fondant dans un récipient hermétique placé dans un endroit frais et sombre.

Recettes de base

homogène. Transférer celle-ci dans le moule et lisser le dessus à la spatule. Enfourner pendant 1 h 15 ou jusqu'à ce qu'une brochette insérée en son centre ressorte nette.

4 Laisser reposer le gâteau dans son moule pendant au moins 5 minutes, puis le démouler sur une grille pour le faire refroidir complètement.

Temps de conservation : le gâteau au beurre se conserve dans un récipient hermétique au réfrigérateur pendant une semaine maximum ou dans un endroit frais et sec pendant 3-4 jours. Il se congèle pendant 2 mois maximum.

Temps de cuisson – Variantes :

Pour un gâteau rond de 22 cm, comptez 1 h 05.

Pour un gâteau carré de 20 cm, comptez 55 minutes.

Pour un gâteau carré de 23 cm, comptez 55 minutes.

Pour un gâteau ovale de 18 x 25 cm, comptez 1 h 10.

Pour quatre gâteaux ronds de 9 cm de diamètre, comptez 45 minutes.

Si vous utilisez un moule à kouglof, comptez 1 h 05.

Si vous utilisez un moule à charlotte, comptez 1 h 05.

GÂTEAU AU BEURRE

Préparation : 20 minutes
Cuisson : 1 h 15

280 g de beurre
225 g de sucre en poudre
1 cuil. à café 1/2 d'extrait naturel de
    vanille
4 œufs
225 g de farine levante
185 ml de lait

1 Préchauffer le four à 180 °C (th. 6). Graisser un moule à gâteau rond de 20 cm de diamètre avec du beurre fondu ou de l'huile et chemiser le fond de papier sulfurisé.

2 Battre ensemble le beurre et le sucre au batteur électrique jusqu'à obtention d'une mousse pâle. Incorporer l'extrait de vanille. Ajouter les œufs, un par un. Battre après chaque ajout.

3 Avec une grande cuiller en métal, incorporer en alternance les farines mélangées tamisées et le lait. Remuer jusqu'à obtention d'une préparation

3 Avec une cuiller en métal, incorporer les farines tamisées mélangées, le bicarbonate de soude et le cacao en poudre en alternant avec le babeurre. Remuer jusqu'à obtention d'une préparation homogène.

4 Transférer la préparation dans le moule et lisser le dessus à la spatule. Enfourner pendant 1 h 15 ou jusqu'à ce qu'une brochette insérée en son centre ressorte nette. Laisser reposer le gâteau dans le moule pendant au moins 5 minutes puis le démouler sur une grille pour le faire refroidir complètement.

Temps de conservation : le gâteau au chocolat se conserve dans un récipient hermétique, au réfrigérateur pendant une semaine maximum, ou dans un endroit frais et sec pendant 3 jours. Il se congèle pendant 2 mois maximum.

Temps de cuisson – Variantes :

Pour un gâteau rond de 22 cm de diamètre, comptez 1 heure.

Pour un gâteau carré de 23 cm, comptez 1 heure.

Pour un gâteau ovale de 18 x 25 cm, comptez 1 h 25 .

Si vous utilisez un moule à charlotte, comptez 1 h 40.

Pour un gâteau rond de 15 cm de diamètre et un autre de 20 cm, utilisez 2 parts de préparation et comptez respectivement 1 h 20 et 1 h 30.

GÂTEAU AU CHOCOLAT CLASSIQUE

Préparation : 25 minutes
Cuisson : 1 h 15

185 g de beurre
330 g de sucre en poudre
2 cuil. à café 1/2 d'extrait naturel de vanille
3 œufs
75 g de farine levante
225 g de farine

1 cuil. à café 1/2 de bicarbonate de soude
90 g de cacao en poudre
280 ml de babeurre

1 Préchauffer le four à 180 °C (th. 6). Graisser un moule rond de 20 cm de diamètre avec du beurre fondu ou de l'huile. Chemiser le fond de papier sulfurisé.

2 Battre le beurre et le sucre au batteur électrique jusqu'à obtention d'une mousse pâle. Incorporer l'extrait de vanille. Ajouter les œufs, un par un, et battre entre chaque ajout.

GÂTEAU À LA CAROTTE

Préparation : 40 minutes
Cuisson : 1 h 15

150 g de farine levante
150 g de farine
2 cuil. à café de cannelle en poudre
1/2 cuil. à café de clous de girofle en poudre
1 cuil. à café de gingembre en poudre.
1/2 cuil. à café de noix muscade en poudre

1 cul. à café de bicarbonate de soude
200 ml d'huile
230 de sucre roux
4 œufs
125 ml de sirop de sucre roux
500 g de carottes râpées
60 g de noix de pécan ou de noix hachées

1 Préchauffer le four à 160 °C (th. 2-3). Graissez un moule à gâteau rond de 22 cm de diamètre avec du beurre fondu ou de l'huile. Chemiser le fond de papier sulfurisé. Si vous confectionnez un gâteau de 20 cm de diamètre ou si vous utilisez 2 parts de préparation pour faire un gâteau de 15 cm et un autre de 20 cm, il faudra placer un collier à l'intérieur du moule (voir les instructions page 5).

2 Dans une grande jatte, tamiser ensemble les farines, les épices et le bicarbonate de soude. Creuser un puits au centre.

3 Fouetter ensemble l'huile, le sucre, les œufs et le sirop. Verser le mélange dans le puits petit à petit et l'incorporer aux ingrédients secs jusqu'à obtention d'une préparation homogène.

4 Incorporer les carottes et les noix. Transférer la préparation dans le moule et lisser le dessus à la spatule. Enfourner pendant 1 h 15 ou jusqu'à ce qu'une brochette insérée en son milieu ressorte nette. Laisser reposer le gâteau dans le moule pendant au moins 15 minutes et le renverser sur une grille pour le faire refroidir complètement.

Temps de conservation : vous pouvez le dans un récipient hermétique, au réfrigérateur une semaine , ou dans un endroit frais et sec pendant 3 jours. Il se congèle pendant 2 mois maximum.

Temps de cuisson - Variantes :
Pour un gâteau rond de 20 cm de diamètre, comptez 1 h 30.

Pour un gâteau carré de 20 cm, comptez 1 h 15.

Pour un gâteau ovale de 18 x 25 cm, comptez 1 h 30.

Pour 4 gâteaux ronds de 9 cm de diamètre, comptez 1 heure.

Si vous utilisez un moule à charlotte, comptez 1 h 40.

Pour un gâteau rond de 15 cm de diamètre et un autre de 20 cm, utilisez 2 parts de préparation et comptez respectivement 1 h 30 et 1 h 50.

3 Battre le beurre et le sucre ensemble. Incorporer la confiture, le sirop et le zeste. Ajouter les œufs un par un ; battre après chaque ajout.

4 Incorporer en alternance les fruits et la farine tamisée avec les épices.

5 Transférer la préparation dans le moule et lisser le dessus à la spatule. Taper le moule sur le plan de travail pour éliminer les bulles d'air. Placer le moule dans le four, sur plusieurs couches de papier journal. Laisser cuire le gâteau pendant 3 heures-3 h 15 ou jusqu'à ce qu'une brochette insérée en son centre ressorte nette. Arroser le gâteau d'une cuillerée à soupe de cognac. Le couvrir de papier et l'envelopper dans un torchon. Le laisser refroidir complètement dans le moule.

Temps de cuisson – Variantes :

Pour un gâteau carré de 23 cm, comptez 3 heures.

Pour un gâteau ovale de 18 x 25 cm, comptez 3 h 30.

Pour un gâteau rond de 15 cm et un autre de 30 cm de diamètre, utilisez 2 parts de préparation et comptez respectivement 2 h 40 et 3 h 10 de cuisson.

Pour un gâteau carré de 12 cm et un autre de 25 cm, utilisez 2 parts de préparation et comptez respectivement 2 h 50 et 3 h 30 de cuisson.

Pour un gâteau carré de 16 cm et un autre de 30 cm, comptez 3 parts de préparation et respectivement 3 heures et 4 h 40 de cuisson.

Temps de conservation : le gâteau aux fruits se conserve enveloppé dans du film alimentaire, dans un endroit frais et sec pendant 8 mois maximum.

GÂTEAU AUX FRUITS

Préparation : 30 minutes + une nuit de trempage des fruits
Cuisson : 3 h 15

500 g de raisins de Smyrne
375 g de raisins secs, hachés
250 g de raisins de Corinthe
250 g de cerises confites, coupées en quatre
250 ml de cognac ou de rhum, plus 1 cuil. à soupe pour glacer
250 g de beurre
230 g de sucre roux
2 cuil. à soupe de confiture d'abricots
2 cuil. à soupe de sirop de sucre de canne ou de mélasse
1 cuil. à soupe de zeste de citron ou d'orange râpé
4 œufs

350 g de farine
1 cuil. à café de gingembre, de quatre-épices et de cannelle

1 Mettre les fruits dans une jatte avec le cognac et les laisser macérer pendant 12 heures.

2 Préchauffer le four à 150 °C (th. 2). Graisser un moule à gâteau rond de 22 cm de diamètre. Découper 2 bandes de papier sulfurisé de la longueur du pourtour du moule et dont la largeur dépasse la hauteur du moule de 5 cm. Faire un rentré de 2 cm sur la longueur de chaque bande. Pratiquer des incisions en biais à 1 cm d'intervalle jusqu'à la pliure. Appliquer les bandes contre la paroi intérieure du moule. Aplatir la bordure crénelée sur le fond du moule. Découper 2 disques de papier sulfurisé en utilisant le moule comme gabarit et chemiser le fond avec. Envelopper le moule avec une feuille de papier journal pliée en deux. La nouer avec une ficelle pour la maintenir en place.

GÂTEAU AU CHOCOLAT RICHE

Préparation : 30 minutes
Cuisson : 1 h 45

250 g de beurre
250 g de chocolat noir
2 cuil. à soupe de café espresso instantané en poudre ou en granulés
150 g de farine levante
60 g de cacao en poudre
1/2 cuil. à café de bicarbonate de soude
550 g de sucre en poudre
4 œufs
2 cuil. à soupe d'huile
125 ml de babeurre

1 Préchauffer le four à 160 °C (th. 2-3). Graisser un moule à gâteau rond de 22 cm de diamètre avec du beurre fondu ou de l'huile. Le chemiser de papier sulfurisé en laissant dépasser de 5 cm.

2 Mettre le beurre, le chocolat et le café dans une casserole avec 185 ml d'eau bouillante. Remuer sur feu doux jusqu'à obtention d'un mélange homogène.

3 Tamiser les farines, le cacao et le bicarbonate de soude dans une jatte. Incorporer le sucre et creuser un puits au centre. Ajouter le mélange œufs battus, huile et babeurre et remuer doucement pour incorporer les ingrédients secs. Ajouter peu à peu le mélange au chocolat.

4 Transférer la préparation dans le moule et enfourner pendant 1 h 45. Tester la cuisson en insérant une brochette au centre du gâteau – la brochette doit paraître à peine humide. Retirer le gâteau du four. Laisser le refroidir, puis le démouler et l'envelopper dans du film alimentaire.

Temps de conservation : ce gâteau se conserve dans un récipient hermétique au réfrigérateur pendant 3 semaines, ou dans un endroit frais et sec pendant une semaine maximum.

Temps de cuisson – Variantes :

Pour un gâteau rond de 20 cm de diamètre, comptez 2 heures.

Pour un gâteau carré de 23 cm, comptez 1 h 30.

Pour un gâteau carré de 30 cm, utilisez 2 parts de préparations et comptez 2 h 30.

Pour un gâteau ovale de 18 x 25 cm, comptez 2 heures.

Pour un gâteau rond de 15 cm de diamètre et un autre de 20 cm, utilisez 2 parts de préparation et comptez respectivement 1 h 30-1 h 45 et 2 heures.

Pour un gâteau rond de 15 cm et un autre de 30 cm de diamètre, utilisez 3 parts de préparation et comptez respectivement 2 h 20 et 3 h 30 de cuisson.

Pour un gâteau carré de 12 cm et un autre de 25 cm, utilisez 2 parts de préparation et comptez respectivement 1 heure et 1 h 40 de cuisson.

Pour un gâteau carré de 16 cm et un autre de 30 cm, utilisez 3 parts de préparation et comptez respectivement 2 h 30 et 3 heures de cuisson.

Pour un gâteau rond de 18 cm et un autre de 22 cm, utilisez 2 parts de préparation et comptez respectivement 1 h 45 et 2 h 15 de cuisson.

jusqu'à obtention d'un préparation homogène.

4 Transférer la préparation dans le moule et lisser le dessus à la spatule. Enfourner pendant une heure ou jusqu'à ce qu'une brochette insérée au centre du gâteau ressorte nette. Laisser reposer le gâteau dans son moule pendant 10 minutes avant de le démouler sur une grille.

Temps de conservation : ce gâteau se conserve dans un récipient hermétique, au réfrigérateur pendant une semaine maximum et dans un endroit frais et sec pendant 3 jours maximum. Il se congèle pendant 2 mois maximum.

Temps de cuisson – Variantes :

Pour un gâteau rond de 22 cm de diamètre, comptez 55 minutes.

Pour un gâteau carré de 20 cm, comptez 45-50 minutes.

Pour un gâteau carré de 23 cm, comptez 40 minutes.

Pour un gâteau ovale de 18 x 25 cm, comptez 45 minutes.

Pour 4 gâteaux ronds de 9 cm de diamètre, comptez 40 minutes.

Si vous utilisez un moule à charlotte, comptez 1 h 15 (couvrez le gâteau les dernières 15 minutes si nécessaire).

Pour un gâteau rond de 15 cm de diamètre et un autre de 20 cm, utilisez 2 parts de préparation et comptez respectivement 55 minutes et 1 h 10 de cuisson.

GÂTEAU À LA NOIX DE COCO

Préparation : 25 minutes
Cuisson : 1 heure

250 g de farine levante
45 g de noix de coco déshydratée
220 g de sucre en poudre
60 g d'amandes en poudre
250 ml de babeurre
2 œufs
150 g de beurre, fondu

1 cuil. à café d'extrait naturel de vanille

1 Préchauffer le four à 180 °C (th. 6). Graisser un moule à gâteau rond avec du beurre fondu ou de l'huile. Chemiser le fond de papier sulfurisé.

2 Mélanger la farine tamisée, la noix de coco, le sucre et les amandes dans une grande jatte et creuser un puits au centre.

3 Verser le mélange babeurre, œufs, extrait de vanille et beurre dans le puits et remuer avec une cuiller en métal

3 Ajouter le beurre refroidi et la farine tamisée. Avec une grande cuiller en métal, mélanger le tout rapidement jusqu'à obtention d'une préparation homogène.

4 Répartir la préparation dans les moules. Enfourner pendant 25 minutes ou jusqu'à ce que la génoise soit à peine dorée et se détache légèrement de la paroi du moule. Laisser reposer les gâteaux dans leurs moules pendant 5 minutes avant de les démouler sur une grille pour les faire refroidir.

Temps de conservation : ce gâteau se conserve dans un récipient hermétique, au réfrigérateur ou dans un endroit frais et sec pendant un jour maximum.

Temps de cuisson – Variantes : Pour un gâteau rond de 18 cm de diamètre et un autre de 25 cm, utilisez 2 parts de préparation et comptez 30 minutes.

GÉNOISE RICHE

Préparation : 20 minutes
Cuisson : 25 minutes

300 g de farine
8 œufs
220 g de sucre en poudre
100 g de beurre doux, fondu

1 Préchauffer le four à 180 °C (th. 6).

Graisser deux moules à gâteau ronds de 22 cm de diamètre avec du beurre fondu. Chemiser les fonds avec du papier sulfurisé puis graisser le papier. Chemiser les moules d'un peu de farine. Tamiser la farine trois fois de suite sur du papier sulfurisé.

2 Mélanger les œufs et le sucre dans une grande jatte résistante à la chaleur. Poser celle-ci sur un bain-marie d'eau frémissante et battre les œufs et le sucre pendant 8 minutes, jusqu'à obtention d'une préparation épaisse et mousseuse. Retirer du feu et continuer à battre pendant 3 minutes.

tamisée et l'eau bouillante. Répartir la préparation dans les moules et enfourner pendant 25 minutes ou jusqu'à ce que la génoise soit à peine dorée et se détache légèrement de la paroi du moule. Laisser les génoises dans leurs moules pendant 5 minutes avant de les démouler sur une grille pour les faire refroidir.

Temps de conservation : il est préférable de consommer cette génoise le jour même – elle ne se conserve pas longtemps car elle renferme peu de matière grasse.

GÉNOISE CLASSIQUE

Préparation : 20 minutes
Cuisson : 25 minutes

75 g de farine
150 g de farine levante
6 œufs
220 g de sucre en poudre
2 cuil. à soupe d'eau bouillante

1 Préchauffer le four à 180 °C (th. 6). Graisser deux moules à gâteau ronds de 22 cm de diamètre avec du beurre fondu et chemiser les fonds avec du papier sulfurisé. Chemiser les moules de farine.

2 Tamiser les farines trois fois de suite sur du papier sulfurisé. Battre les œufs dans une grande jatte avec un batteur électrique pendant 7 minutes ou jusqu'à obtention d'une mousse épaisse et pâle.

3 Ajouter peu à peu le sucre aux œufs ; bien battre après chaque ajout. Avec une cuiller en métal, incorporer la farine

GÂTEAU AU CHOCOLAT AVEC COLLIER À POIS

LE COLLIER EN CHOCOLAT EST L'ACCESSOIRE QUI REND CE GÂTEAU SI SPECTACULAIRE…UNE FOIS QUE VOUS MAÎTRISEZ LA TECHNIQUE, VOUS POUVEZ LA METTRE EN ŒUVRE POUR CONFECTIONNER DES COLLIERS À MOTIFS PLUS ÉLABORÉS.

Couper une bande de papier sulfurisé de la taille du gâteau.

un gâteau ovale de 18 x 25 cm (nous avons utilisé un gâteau au chocolat riche mais vous pouvez choisir un gâteau au beurre, à la carotte, au chocolat classique ou à la noix de coco)

papier sulfurisé épais
cacao en poudre

Crème au café

2 cuil. à soupe de crème fraîche
75 g de chocolat blanc de couverture
100 g de beurre doux, haché
40 g de sucre glace
1 cuil. à café de café instantané en poudre

Collier

30 g de chocolat blanc de couverture
30 g de chocolat au lait de couverture
60 g de chocolat noir de couverture
60 g de chocolat noir

1 Couper la partie supérieure bombée du gâteau pour obtenir une surface plane. Renverser le gâteau sur une plaque : le fond plat devient le dessus. Mesurer la hauteur du gâteau. Découper une bande de papier sulfurisé de la même hauteur et assez longue pour en couvrir le pourtour.

2 Pour confectionner la crème au café, mettre la crème fraîche et le chocolat dans une petite jatte. Poser celle-ci sur un bain-marie d'eau frémissante retiré du feu (le fond de la jatte ne doit pas tremper dans l'eau). Remuer le chocolat jusqu'à ce qu'il soit fondu. Battre le beurre jusqu'à obtention d'une crème pâle puis incorporer peu à peu le sucre glace jusqu'à

obtention d'une mousse épaisse et blanche. Ajouter le chocolat fondu refroidi et battre. Dissoudre le café en poudre dans une cuillerée à café d'eau bouillante et l'incorporer à la crème au beurre.

3 Étaler la crème au café en une couche uniforme sur le dessus et le pourtour du gâteau. Par temps chaud, réfrigérer le gâteau pendant 10-15 minutes.

4 Pour confectionner le collier, mettre le chocolat blanc et le chocolat au lait dans des jattes séparées et les faire fondre en suivant les indications de l'étape 2. Sinon, les faire fondre au four à micro-ondes une minute à puissance maximum – remuer au bout de 30 secondes. Transférer les chocolats dans deux poches à douilles séparées. Déposer des pois sur le côté brillant du papier. Taper délicatement le papier sur le plan de travail pour aplatir les pois. Laisser durcir.

5 Faire fondre le chocolat noir de couverture puis le laisser refroidir. En travaillant rapidement, l'étendre en une couche uniforme sur les pois et sur toute la surface du papier. Veiller à ne pas trop appuyer pour ne pas les détacher du papier. Laisser durcir en veillant à ce que la bande puisse se courber sans faire craqueler le chocolat. Enrouler la bande autour du gâteau. Coller ensemble les deux extrémités et laisser durcir (s'il fait chaud, réfrigérer le gâteau). Retirer le papier et saupoudrer de cacao.

À l'avance : vous pouvez décorer le gâteau et le conserver au réfrigérateur pendant plusieurs heures avant de servir.

Dresser des pois en chocolat blanc et en chocolat au lait.

Étaler le chocolat noir fondu sur toute la surface du papier.

Enrouler le collier autour du gâteau, chocolat à l'intérieur.

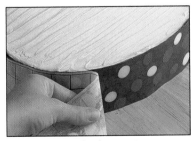

Une fois le chocolat durci, retirer délicatement la bande de papier.

GÂTEAU ROSE AUX MARGUERITES

POUR CE GÂTEAU, NOUS AVONS CHOISI DE DÉLICATES MARGUERITES ROSES ET UN GLAÇAGE STRIÉ DE ROSE, MAIS VOUS POUVEZ ESSAYER DES FLEURS SIMPLES JAUNES ET BLANCHES ET TEINTER VOTRE GLAÇAGE EN JAUNE CITRON OU EN VERT PÂLE.

deux gâteaux ronds de 22 cm de diamètre (nous avons utilisé un gâteau à la carotte mais vous pouvez également choisir un gâteau au beurre ou à la noix de coco)

Fourrage au fromage frais
375 g de fromage frais, en pommade
75 g de beurre, en pommade
90 g de sucre glace, tamisé
1 cuil. à café d'extrait naturel de vanille

Glaçage
185 g de sucre glace
1 cuil. à café de beurre en pommade
1-2 cuil. à soupe de lait ou d'eau
colorant alimentaire rose

140 g de noisettes grillées, grossièrement hachées
marguerites roses fraîches

1 Pour confectionner le fourrage au fromage frais, battre le fromage frais et le beurre au batteur électrique jusqu'à obtention d'une crème onctueuse. Incorporer peu à peu le sucre glace et l'extrait de vanille et battre jusqu'à ce que la crème épaississe. Réserver 125 g de fourrage. Partager chaque gâteau à l'horizontale en deux biscuits et poser un des biscuits sur un plat de service. Le tartiner d'une couche de fourrage et le couvrir d'un autre biscuit. Répéter l'opération avec le reste de fourrage et les deux autres biscuits. Ne pas étaler de fourrage sur le dernier biscuit. Enduire le pourtour de fourrage réservé

et garnir celui-ci de noisettes hachées en pressant bien.

2 Pour confectionner le glaçage, tamiser le sucre glace dans une jatte, ajouter le beurre et assez de lait ou d'eau pour obtenir une pâte onctueuse. Teinter en rose 2 cuillerées à soupe de glaçage et transférer ce glaçage rose dans une poche à douille. Étaler le glaçage blanc sur le dessus du gâteau à la spatule. Dresser des plusieurs rangées de glaçage rose à intervalles réguliers sur le glaçage. Avant qu'il ne fige, couper délicatement les lignes roses avec une brochette, puis répéter l'opération dans l'autre sens. (Dresser le glaçage rose sur le glaçage blanc quand les deux sont encore mous. Si le glaçage est figé, il faudra le retirer du gâteau et recommencer). Laisser figer le glaçage.

3 Retirer le glaçage qui aurait éventuellement coulé sur le pourtour du gâteau. Couper les queues des marguerites et disposer celles-ci autour de la base du gâteau. En poser quelques-unes au milieu pour décorer.

À l'avance : vous pouvez glacer le gâteau un jour à l'avance et le conserver dans un endroit frais et sec. Ajoutez les marguerites seulement au moment de servir pour qu'elles ne flétrissent pas.

Étaler le glaçage blanc à la spatule sur le dessus du gâteau.

Déposer la glaçage rose en rayures

Avant que le glaçage ne fige, couper délicatement les lignes roses dans les deux sens avec une brochette

BOÎTE GLACÉE AU FRUITS

QUEL DÉLICIEUX DESSERT POUR UNE FÊTE ESTIVALE. L'ENVELOPPE DE FRUITS CACHE UNE COUCHE DE GÂTEAU QUI À SON TOUR, DISSIMULE DE LA CRÈME GLACÉE. VARIEZ LES FRUITS FRAIS EN FONCTION DE LA SAISON.

deux gâteaux carrés de 20 cm (nous avons utilisé un gâteau à la noix de coco, mais vous pouvez également choisir un gâteau au beurre)

2 litres de crème glacée à la vanille
160 g de confiture d'abricots
3 kiwis
1 carambole
500 g de fraises

Glaçage
110 g de gelée de pommes
3 cuil. à soupe de sucre
3 cuil. à soupe de confiture d'abricots
1 cuil. à soupe de Cointreau ou de Grand Marnier

1 Retirer la glace du freezer et la laisser ramollir un petit moment. Couper les dessus bombés des deux gâteaux. En conserver un. Prélever un carré à l'intérieur de chaque gâteau en laissant une coque de 1,5 cm d'épaisseur (fond et côtés). Retirer le cœur des gâteaux.
2 Garnir les gâteaux de glace et bien la tasser. Remettre délicatement en place un des dessus. Envelopper les gâteaux de film alimentaire et les mettre au freezer pendant 12 heures ou jusqu'à ce que la glace redevienne ferme.
3 Chauffer la confiture dans une petite casserole sur feu doux. Déballer les gâteaux et enduire de confiture la bordure du gâteau qui n'a pas de couvercle. Poser l'autre gâteau dessus et presser. Glisser le gâteau reconstitué au freezer.
4 Pour confectionner le glaçage, mettre

tous les ingrédients dans une petite casserole et remuer sur feu doux jusqu'à dissolution du sucre. Laisser frémir pendant 3-5 minutes, puis réserver.
5 Détailler les kiwis et la carambole en tranches fines et couper les fraises en deux (libre à vous de peler ou non les fruits). Poser le gâteau sur une plaque ou un plat de service et l'enduire entièrement de confiture d'abricots tiède. Disposer les tranches de kiwi et les moitiés de fraises sur le dessus et les côtés en rangées parallèles. Presser un peu pour bien les faire adhérer. Badigeonner les fruits de glaçage. Disposer le reste des fraises au centre du gâteau et les garnir de tranches de carambole. Servir immédiatement.

À l'avance : vous pouvez garnir le gâteau de glace au plus 3 jours à l'avance et le conserver au freezer. Cependant, ne le remettez pas au freezer une fois qu'il est garni de fruits. Servez-le immédiatement.

Couper l'intérieur de chaque gâteau en laissant 1,5 cm d'épaisseur (fond et côtés);

Enduire de confiture les bords du gâteau sans couvercle et poser l'autre par-dessus

Utiliser la confiture pour faire adhérer les fruits au gâteau.

TIRAMISU

TIRAMISU SIGNIFIE LITTÉRALEMENT « TIRE-MOI VERS LE HAUT » EN ITALIEN. CE GÂTEAU RICHE ET CRÉMEUX PARFUMÉ AU MARSALA ET AU CAFÉ ET FOURRÉ AU MASCARPONE EST EFFECTIVEMENT UN EXCELLENT REMONTANT.

deux génoises de 22 cm de diamètre

1 cuil. à soupe de café instantané en
    poudre ou en granulés
190 g de sucre en poudre
80 ml de marsala
4 jaunes d'œuf
500 g de mascarpone
300 ml de crème fraîche épaisse
cacao en poudre
500 g de cigares au chocolat
ruban marron pour décorer

1 Mettre le café et 110 g de sucre dans une petite casserole avec 250 ml d'eau. Remuer sur feu doux jusqu'à dissolution du sucre. Retirer du feu et laisser refroidir puis incorporer le marsala.
2 Battre les jaunes d'œuf et le reste de sucre dans une jatte résistante à la chaleur et poser celle-ci sur un bain-marie d'eau frémissante. Battre pendant 3 minutes au batteur électrique jusqu'à obtention d'un mélange épais et mousseux. Retirer du feu et transférer dans une jatte propre. Battre pendant 3 minutes et laisser refroidir.
3 Incorporer le mascarpone dans une grande jatte pour le ramollir. Ajouter le mélange sucre-jaunes d'œuf puis la crème fraîche et battre jusqu'à obtention d'une préparation épaisse.
4 Diviser chaque gâteau à l'horizontale en deux biscuits. Placer un biscuit sur un plat de service et le badigeonner généreusement de sirop de café. Le tartiner d'un cinquième de la préparation au mascarpone. Couvrir d'un second biscuit et répéter l'opération. Terminer par une couche

de préparation au mascarpone. Réfrigérer le gâteau et la dernière part de fourrage pendant une heure. Saupoudrer le gâteau de cacao et enduire le pourtour du reste de fourrage. Couper les cigares au chocolat afin qu'ils dépassent du gâteau et les plaquer côte à côte sur le pourtour du gâteau. Nouer le ruban autour du gâteau.

À l'avance : ce gâteau se conserve, couvert, pendant une journée au réfrigérateur. Disposez les cigares juste avant de servir.

Battre les jaunes d'œuf et le reste de sucre et posez celle-ci sur un bain-marie.

Badigeonner de sirop de café.

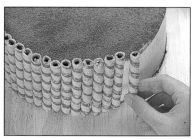

Couper les cigares au chocolat afin qu'ils dépassent juste le dessus du gâteau et les plaquer contre son pourtour.

GÂTEAU AUX FRUITS DE LA PASSION FOURRÉ AU CITRON

CE GÂTEAU GOURMAND, COMPOSÉ DE PLUSIEURS BISCUITS SUPERPOSÉS, EST FOURRÉ AVEC UNE ONCTUEUSE CRÈME AU CITRON ET NAPPÉ D'UN COULIS DE FRUITS DE LA PASSION.

deux génoises classiques de 22 cm de diamètre

50 g de chocolat blanc de couverture

Coulis de fruits de la passion
185 g de pulpe de fruits de la passion (compter 6-8 fruits frais)
3 cuil. à soupe de jus d'oranges
2 cuil. à soupe de sucre en poudre
1 cuil. à soupe de maïzena

Crème au citron
3 jaunes d'œuf
75 g de sucre en poudre
2 cuil. à café de zeste de citron finement râpé
90 ml de jus de citron
180 g de beurre doux, haché
300 ml de crème fraîche épaisse

1 Pour préparer le coulis de fruits de la passion, passer les fruits au chinois pour séparer le jus et les graines. Il faut environ 125 ml de jus et 1 cuillerée 1/2 de graines. Mettre le jus et les graines de fruits de la passion, le jus d'orange et le sucre dans une casserole. Délayer la maïzena dans 3 cuillerées à soupe d'eau et ajouter le mélange au contenu de la casserole. Remuer sur feu moyen jusqu'à ébullition et épaississement puis le verser dans un bol, poser un morceau de film alimentaire directement dessus et réfrigérer.

2 Mettre le chocolat dans une jatte résistante à la chaleur et poser celle-ci sur un bain-marie d'eau frémissante sans mettre le fond en contact avec l'eau. Remuer jusqu'à ce que le chocolat soit complètement fondu. Le transférer dans une poche à douille en papier et dresser plusieurs lattis sur un morceau de papier sulfurisé. Laisser figer puis retirer le papier.

3 Pour confectionner la crème au citron, mettre les œufs et le sucre dans un pichet et battre énergiquement. Passer le mélange dans une jatte résistante à la chaleur, ajouter le zeste et le jus de citron ainsi que le beurre. Poser la jatte sur un bain-marie d'eau frémissante et remuer constamment pendant 20 minutes ou jusqu'à ce que la préparation soit assez épaisse pour couvrir le dos d'une cuiller en bois. Laisser refroidir complètement. Incorporer à la crème fraîche et battre jusqu'à obtention d'une crème épaisse.

4 Couper chaque gâteau en deux à l'horizontale. Poser un des biscuits sur un plat de service et le tartiner avec un quart de la crème au citron. Poser un second biscuit par-dessus. Répéter l'opération avec les autres biscuits et le reste de crème. Strier la dernière couche de crème à la fourchette.

5 Remuer le coulis de fruits de la passion à la fourchette pour le rendre un peu plus liquide (ajouter du jus d'oranges si nécessaire). Napper le gâteau de coulis. Disposer les lattis en chocolat sur le dessus.

À l'avance : la crème au citron et le coulis de fruits de la passion se conservent pendant 3 jours maximum. Assemblez le gâteau une heure avant de le servir et nappez-le de coulis à la dernière minute.

Dresser plusieurs lattis de chocolat blanc fondu sur du papier sulfurisé.

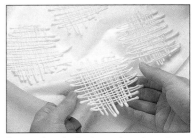

Laisser figer les lattis en chocolat puis retirer le papier.

La crème au citron doit être assez épaisse pour couvrir le dos de la cuiller.

Dessiner des stries à la fourchette sur le dessus du gâteau.

DÉLICE AUX TRUFFES

« NUL N'EST JAMAIS RASSASIÉ DE CHOCOLAT ». VOILÀ UNE RÉFLEXION SIMPLE ET SENSÉE ! BLANC, AU LAIT OU NOIR, LE CHOCOLAT JOUE LES VEDETTES DANS CE DESSERT RÉSERVÉ AUX AMOUREUX FOUS DE CETTE SAVOUREUSE SUBSTANCE.

Remuer jusqu'à obtention d'une texture lisse avant avant le seuil de d'ébullition.

un gâteau au chocolat rond de 22 cm

Glaçage au chocolat
250 g de chocolat noir, haché
125 ml de crème fraîche
165 g de sucre

Truffes
300 g de miettes de quatre-quarts
2 cuil. à soupe de la confiture de votre choix
3 cul. à soupe de crème fraîche
3 cuil. à soupe de beurre doux, fondu
300 g de chocolat noir ou au lait, fondu
2 cuil. à soupe de rhum
150 g de chocolat noir, au lait et blanc
blanc d'œuf
feuille d'or comestible

1 Couper le dessus bombé du gâteau pour aplanir sa surface. Renverser le gâteau sur une grille posée sur une plaque de four (pour récupérer le surplus de glaçage).

2 Pour préparer le glaçage, mettre le chocolat, la crème et le sucre dans une casserole et remuer le tout sur feu doux jusqu'à obtention d'une préparation onctueuse. Porter à ébullition puis réduire la flamme et laisser frémir pendant 4-5 minutes. Remuer de temps en temps. Retirer du feu et remuer pour accélérer le refroidissement.

3 Napper le gâteau de glaçage en le laissant se répandre de manière uniformément. Taper la plaque sur le plan de travail pour égaliser la surface. Laisser figer complètement.

4 Chemiser une plaque à pâtisserie de papier sulfurisé. Pour confectionner les truffes, mélanger les miettes de gâteau, la confiture, la crème, le beurre, le chocolat et le rhum et bien remuer. Réfrigérer pendant 20-30 minutes, jusqu'à ce que la préparation soit ferme. Façonner en boules des cuillerées à café de préparation et déposer celles-ci sur la plaque. Les réfrigérer pendant 10-15 minutes pour les raffermir.

5 Chemiser 3 plaques de papier sulfurisé. Faire fondre les chocolats blanc, noir et au lait séparément : les mettre dans trois jattes différentes et les poser sur un bain-marie d'eau frémissante retiré du feu. Remuer le chocolat jusqu'à ce qu'il soit fondu.

6 Avec une fourchette, plonger les truffes dans les différents chocolats puis les taper délicatement sur le rebord de la jatte pour éliminer l'excédent de chocolat. Tremper un tiers des truffes dans chaque chocolat. Laisser figer les truffes sur les plaques. Le chocolat ne doit pas être trop chaud car il ferait fondre les truffes. Si vous trouvez le chocolat trop épais, ajouter 15 g de matière grasse végétale.

7 Déposer une goutte de blanc d'œuf sur les truffes en chocolat noir. Détacher la feuille d'or de son support à l'aide d'une pince et la déposer sur le blanc d'œuf en pressant. Transférer le gâteau sur un plat de service et empiler les truffes dessus.

À l'avance : vous pouvez glacer le gâteau un jour à l'avance. Déposer les truffes juste avant de servir (pour les coller, utilisez un peu de chocolat fondu). Les truffes se conservent pendant 2-3 jours dans un récipient hermétique dans un endroit frais et sec. Par temps chaud, mettez-les au réfrigérateur.

Verser le glaçage sur le gâteau et le laisser se répandre.

Déposez les truffes sur les plaques à pâtisserie chemisées de papier sulfurisé.

Utilisez une fourchette pour plonger les truffes dans le chocolat fondu.

Déposer la feuille d'or sur les truffes et presser pour la faire adhérer.

GÂTEAU DE BAPTÊME

COMMÉMOREZ CE JOUR SPÉCIAL POUR VOTRE ENFANT AVEC CE MAGNIFIQUE GÂTEAU. CHOISISSEZ DU ROSE POUR UNE FILLE, DU BLEU POUR UN GARÇON. LE GÂTEAU EST GLACÉ ET LES CHAUSSONS ET LES LETTRES SONT CONFECTIONNÉS PLUSIEURS JOURS À L'AVANCE.

un gâteau ovale de 18 x 25 cm (nous avons utilisé un gâteau au beurre mais vous pouvez également choisir un gâteau au chocolat classique ou riche, un gâteau à la carotte, aux fruits ou à la noix de coco.

plaque ovale de 21 x 28 cm
2 cuil. à soupe de confiture d'abricots
1 kg de glaçage au fondant (ou bien suivre la recette de la page 7)
assortiment de colorants alimentaires
sucre glace
ruban étroit
1 cuil. à soupe de blanc d'œuf
fleurs en sucre

1 Couper le dessus bombé du gâteau pour obtenir une surface plane. Renverser le gâteau sur la plaque. Chauffer la confiture dans une casserole et la passer au chinois. L'étaler sur le gâteau.

2 Prélever deux morceaux de glaçage de la taille d'une balle de golf et un autre de la taille d'une noix (pour les chaussons et les feuilles) et les envelopper de film alimentaire. Pétrir un peu de colorant dans le reste du glaçage. Abaisser le glaçage en un disque assez grand pour couvrir le gâteau. Saupoudrer le plan de travail et le rouleau à pâtisserie de sucre glace. Enrouler le glaçage sur le rouleau à pâtisserie et le dérouler sur le gâteau. Presser délicatement de la paume de la main saupoudrée de sucre glace. Lisser puis couper l'excédent.

3 Pétrir un peu de colorant vert dans la boule de glaçage de la taille d'une noix.

L'abaisser sur le plan de travail saupoudré de sucre glace et couper les feuilles avec un couteau ou un découpoir. Les plier délicatement en deux puis les ouvrir et marquer les nervures à la pointe du couteau. Les courber légèrement pour leur donner différentes formes puis laisser sécher.

4 Pétrir un peu de colorant dans les balles de golf. Les rouler en deux courtes saucisses. Confectionner un chausson en pliant la saucisse en deux et en la modelant (voir photo 2). Creuser un trou avec le doigt en haut du chausson et affiner la bordure pour façonner un volant. Laisser reposer pendant 2 heures puis nouer un ruban étroit autour de chaque chausson.

5 Écrire le nom du bébé sur du papier en lettres simples. Poser le papier sur une plaque et le couvrir de papier sulfurisé. Mélanger le blanc d'œuf et suffisamment de sucre glace pour obtenir un glaçage lisse qui reste en forme une fois déposé sur le papier. Le teinter de la couleur choisie. Mettre dans une poche à douille en papier et dresser sur les lettres tracées au crayon. Dessiner quelques lettres supplémentaires au cas où certaines se brisent. Si le glaçage est trop ferme et ne s'aplatit pas, le badigeonner de blanc d'œuf avec un petit pinceau. Laisser sécher pendant 12 heures. Transférer le reste de glaçage dans un bol et couvrir de film alimentaire. Décoller les lettres du papier avec une spatule. Transférer le glaçage réservé dans une poche à douille en papier et en déposer un peu au dos de chaque lettre pour les coller au gâteau. Coller les chaussons, les fleurs et les feuilles sur le gâteau avec du glaçage.

À l'avance : vous pouvez décorer ce gâteau 3 jours à l'avance.

Marquer les nervures des feuilles à la pointe d'un couteau.

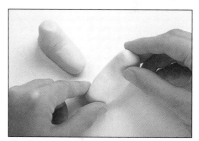

Confectionner un chausson en pliant la saucisse en deux et en la modelant.

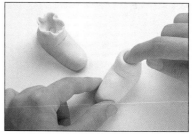

Creusez un trou avec le doigt en haut du chausson et façonner un volant.

Déposer le glaçage sur les lettres tracées au crayon.

GÂTEAU AUX ÉCORCES D'AGRUMES

LA SAVEUR SUBTILEMENT ACIDULÉE DES ÉCORCES D'AGRUMES CONFITES SÉDUIRA
BON NOMBRE DE GOURMANDS, PARFOIS UN PEU LASSÉS DES DÉCORS EN CHOCOLAT
ET DES ROSETTES DE CRÈME FOUETTÉE.

un gâteau cuit dans un moule à
    charlotte de 2 litres (nous avons
    utilisé un gâteau à la noix de coco
    mais vous pouvez également
    choisir un gâteau au beurre).

Écorces confites
2 oranges
2 tangelos
2 citrons
2 citrons verts
310 g de sucre en poudre

Glaçage au citron
125 g de sucre glace
20 g de beurre, fondu
1-2 cuil. à soupe de jus de citron

1 Pour confectionner les écorces
confites, prélever le zeste avec un zesteur
ou un économe. Retirer la peau blanche
avec un couteau tranchant car elle
donne un goût amer. Détailler le zeste
en lanières longues et fines.
2 Mettre le sucre dans une casserole
avec 125 ml d'eau et remuer sur feu doux
jusqu'à dissolution complète. Porter à
ébullition, réduire légèrement la flamme
puis ajouter le zeste en plusieurs fois.
Laisser frémir 3-5 minutes jusqu'à ce
que le zeste devienne transparent.
Retirer le zeste avec une pince et
l'égoutter sur une grille jusqu'à ce qu'il
soit froid.
3 Pour confectionner le glaçage,
mettre le sucre glace et le beurre dans
une petite jatte. Incorporer le jus de
citron petit à petit jusqu'à obtention
d'un sirop épais.
4 Couper la partie supérieure bombée

du gâteau avec un couteau-scie pour
obtenir une surface plane. Renverser le
gâteau sur une grille et napper le dessus
de glaçage au citron en laissant celui-ci
s'écouler sur le pourtour sans le recouvrir
complètement. Laisser figer le glaçage.
Transférer le gâteau sur un plat de
service et empiler les lanières d'écorce
confite sur le dessus.

À l'avance : une fois décoré, ce gâteau
se conserve pendant 2 jours au
réfrigérateur. L'écorce confite se
conserve 3 jours maximum dans un
récipient hermétique. Disposez les
lanières en plusieurs couches séparées
par du papier sulfurisé. Par temps chaud,
mettez-la au réfrigérateur.

Retirer la peau blanche avec un couteau
tranchant car elle donne un goût amer.

Laissez frémir le zeste dans le sirop.

Renversez le gâteau sur une grille et
nappez le dessus de glaçage au citron.

PETITS GÂTEAUX DE NOËL

CES RAVISSANTS PETITS GÂTEAUX AUX FRUITS FONT DE SUPERBES CADEAUX. UNE FOIS NAPPÉS DE GLAÇAGE, ILS SE CONSERVENT PENDANT UN MOIS. TROUVEZ-LEUR UN EMBALLAGE DE CIRCONSTANCE ET OFFREZ-LES À VOS AMIS AU MOMENT DES FÊTES.

une préparation pour gâteaux aux
fruits (voir recette page 13)

Feuilles et baies de houx
60 g de glaçage aux amandes (tout
prêt ou voir recette page 6)
colorants alimentaires vert et rouge
sucre glace

Glaçage au fondant
100 g de confiture d'abricots
100 g de glaçage au fondant (tout
prêt ou voir recette page 7)
sucre glace
ruban étroit

Glaçage royal
1 blanc d'œuf
250 g de sucre glace, tamisé
2-3 cuil. à café de jus de citron

1 Préchauffer le four à 150 °C (th. 2). Graisser douze moules à muffins et chemiser les fonds de papier sulfurisé. Les garnir jusqu'au bord de préparation aux fruits et lisser le dessus à la spatule. Enfourner pendant 1 h 15, vérifier la cuisson à l'aide d'une brochette en bois. Les laisser refroidir puis les démouler en les renversant pour que la base devienne le dessus.

2 Pour confectionner les feuilles de houx, pétrir 50 g de glaçage aux amandes jusqu'à ce qu'il soit souple. Sur un plan de travail légèrement saupoudré de sucre glace, l'étendre en une abaisse de 1 mm d'épaisseur. Découper les feuilles avec un découpoir. Les pincer pour les plier en deux et les rouvrir. Presser délicatement les bordures pour

leur donner une légère ondulation. Les faire sécher sur du papier sulfurisé. Badigeonner soigneusement les contours de colorant vert.

3 Pour confectionner les baies, pétrir un peu de colorant rouge dans le reste du glaçage aux amandes et rouler celui-ci en petites boules. Rouler les baies dans le colorant rouge. Les laisser sécher sur du papier sulfurisé.

4 Pour les gâteaux nappés de glaçage au fondant, faire fondre la confiture jusqu'à ce qu'elle soit liquide, la passer au chinois et l'étendre sur les gâteaux. Sur un plan de travail saupoudré de sucre glace, abaisser le glaçage au fondant par tranche de 100g. L'abaisse obtenue doit être assez grande pour recouvrir le gâteau. Si nécessaire, colmater les trous avec un peu de glaçage. Déposer le glaçage sur les gâteaux, le lisser en pressant légèrement puis le couper à la base si besoin. Mélanger un peu de sucre glace et d'eau pour obtenir un épais sirop. Nouer un ruban à la base des gâteaux et le coller avec un peu de sirop. Coller deux feuilles de houx et des fruits sur le dessus, également avec du sirop.

5 Pour confectionner le glaçage royal, battre le blanc d'œuf avec une cuiller en bois. Ajouter le sucre glace petit à petit et battre jusqu'à obtention d'une pâte onctueuse. Ajouter le jus de citron. À la spatule, étaler une cuillerée à soupe de glaçage sur chaque gâteau. Le laisser déborder sur le pourtour. Coller des feuilles et des baies de houx sur le dessus en utilisant un peu de glaçage.

À l'avance : une fois glacés, ces gâteaux se conservent dans un endroit frais et sombre pendant un mois maximum.

Découper les feuilles de houx avec un découpoir.

Badigeonner les contours de colorant vert.

L'abaisse du glaçage doit être assez grande pour recouvrir l'ensemble du gâteau.

Étalez le glaçage royal sur les gâteaux et laissez-le s'écouler sur le pourtour.

ROSES CRISTALLISÉES

DES ROSES ET UN GÂTEAU, VOILÀ UNE ASSOCIATION DIVINEMENT ROMANTIQUE.
SÉLECTIONNEZ DES ROSES FRAÎCHES SANS TACHES. CHOISISSEZ VOS COULEURS –
POUR DONNER UNE NOTE PRINTANIÈRE, NOUS AVONS ÉLU LE ROSE ET L'ÉCRU.

un gâteau rond de 22 cm (nous avons
utilisé un gâteau à la carotte mais
vous pouvez également choisir un
gâteau au beurre ou à la noix de
coco)

Ganache au chocolat blanc
150 g de chocolat blanc de
couverture
130 g de chocolat blanc, haché
125 ml de crème fraîche
250 de beurre doux, haché

2 bouquets de roses
1 blanc d'œuf
sucre en poudre

1 Pour confectionner la ganache,
mettre tous les ingrédients dans une
casserole et remuer sur feu doux jusqu'à
obtention d'un mélange onctueux. Le
transférer dans une jatte, couvrir la
surface avec du film alimentaire et
laisser refroidir complètement. Ne pas
réfrigérer. Battre au batteur électrique
pendant 3-5 minutes, jusqu'à obtention
d'une crème épaisse et pâle.
2 Chemiser 2 plaques à pâtisserie de
papier absorbant. Pour cristalliser les
roses, s'assurer qu'il n'y a pas d'eau entre
les pétales – elle empêcherait le sucre
de durcir. Si vous préparez les roses la
veille, laisser les tiges et remettre les
fleurs dans l'eau après les avoir enrobées
de sucre pour qu'elles restent fraîches.
Retirer les pétales d'une des roses ainsi
que quelques feuilles et les réserver.
3 Mettre le blanc d'œuf dans une jatte
et le battre légèrement jusqu'à ce qu'il
soit mousseux. Étaler le sucre glace sur

une grande assiette. Prendre un pétale
de rose et étaler un peu de blanc d'œuf
dessus au pinceau. Saupoudrer le pétale
entier de sucre glace puis le secouer
délicatement pour éliminer le surplus.
Poser le pétale sur le papier absorbant.
Répéter l'opération pour tous les pétales
et feuilles.
4 Tenir la rose d'une main et déposer
du blanc d'œuf au pinceau sur et entre
les pétales ainsi que sur quelques feuilles.
Saupoudrer de sucre glace et placer la
rose dans un pot d'eau. Ne pas mouiller
les parties sucrées. Procéder à l'identique
avec les autres roses.
5 Laisser sécher les roses, les pétales et
les feuilles sucrées pendant au moins
une heure selon l'humidité ambiante.
6 Poser le gâteau sur un plat de service
et l'enduire de ganache en dessinant des
tourbillons à la spatule. Couper les tiges
des roses. Disposer les roses et les feuilles
sur le gâteau. Parsemer le plat de pétales.

À l'avance : vous pouvez décorer le
gâteau 5 heures à l'avance maximum.
Par temps chaud, décorez-le juste avant
de servir. Les roses peuvent être
cristallisées la veille.

Note : si vous utilisez un gâteau à la
carotte, vous préférerez peut-être un
glaçage au fromage frais à la ganache :
battre 375 g de fromage frais à tartiner
et 75 g de beurre au batteur électrique
jusqu'à obtention d'une crème épaisse.
Incorporer peu à peu 90g de sucre glace
tamisé et une cuillerée à café d'extrait
naturel de vanille.

Battre le blanc d'œuf jusqu'à ce qu'il soit
mousseux puis étaler au pinceau.

Saupoudrer de sucre glace.

Déposer du blanc d'œuf sur et entre les
pétales puis saupoudrer de sucre.

GÂTEAU AUX NOISETTES ET AU CARAMEL

APPRÉCIEZ LE CROQUANT DES NOISETTES ENROBÉES DE CARAMEL ET LA SAVEUR DE
LA CRÈME AU BEURRE CHOCOLATÉE – CE GÂTEAU EST PARFAIT POUR CÉLÉBRER UNE
PETITE FÊTE ENTRE AMIS.

un gâteau cuit dans un moule à
    charlotte de 2 litres (nous avons
    utilisé un gâteau à la noix de
    coco, mais vous pouvez choisir un
    gâteau au beurre ou à la carotte)

15-20 noisettes entières
220 g de sucre en poudre

Crème au chocolat

2 cuil. à soupe 1/2 de crème fraîche
100 g de chocolat au lait
135 g de beurre doux
55 g de sucre glace

1 Préchauffer le four à 180 °C (th. 6).
Faire griller les noisettes sur une plaque
pendant 5 minutes ou jusqu'à ce que les
peaux commencent à se décoller.
Transférer les noisettes sur un torchon
et les frotter ensemble pour retirer les
peaux.
2 Pour faire le caramel, chemiser une
plaque à pâtisserie de papier
d'aluminium. Poser une sauteuse sur feu
moyen et saupoudrer le fond de sucre.
À mesure qu'il fond, saupoudrer à
nouveau jusqu'à épuisement du sucre.
Remuer pour éliminer les éventuels
grumeaux et empêcher le caramel de
brûler. Quand celui-ci devient brun
doré, le retirer immédiatement du feu.
3 Utiliser une cuiller en bois ou deux
fourchettes pour tremper les noisettes
une à une dans le caramel. Les transférer
sur la plaque à pâtisserie (ne pas
s'inquiéter si le caramel prend des formes
insolites) et les laisser sécher
complètement.
4 Pour confectionner la crème au

chocolat, mettre la crème fraîche et le
chocolat dans une petite jatte résistante
à la chaleur. Poser celle-ci sur un bain-
marie d'eau frémissante retiré du feu
sans laisser tremper le fond dans l'eau.
Remuer le chocolat jusqu'à ce qu'il soit
fondu. Battre le beurre en pommade puis
incorporer peu à peu le sucre jusqu'à
obtention d'une crème épaisse et
blanche. Lui incorporer le chocolat
fondu refroidi et battre jusqu'à
obtention d'une mousse onctueuse.
5 Poser le gâteau sur un plat de service
et le napper de crème au chocolat. Lisser
le dessus et le pourtour à la spatule.
Transférer le reste de la crème dans une
poche à douille en étoile. Déposer de
grosses rosettes de crème sur le dessus
du gâteau. Détacher les noisettes
caramélisées du papier d'aluminium et
en disposer quelques-unes sur le gâteau.
Servir immédiatement et accompagner
chaque part de quelques noisettes
caramélisées.

À l'avance : une fois nappé de crème
au beurre, le gâteau se conserve pendant
2 jours maximum au réfrigérateur –
servez-le à température ambiante. A
joutez les noisettes caramélisées au
dernier moment pour empêcher le
caramel de ramollir. Par temps humide,
le caramel devient collant – conservez
les noisettes caramélisées dans un
récipient hermétique placé dans un
endroit frais.

Faire griller les noisettes au four puis
frottez-les dans un torchon

Tremper les noisettes dans le caramel

Déposez des rosettes de crème sur le
dessus du gâteau à l'aide d'une poche à
douille en étoile.

VAGUES EN CHOCOLAT

POUR LES AMATEURS DE CHOCOLAT DU MONDE ENTIER, CE GÂTEAU SPECTACULAIRE ET IRRÉSISTIBLE EST VRAIMENT FACILE À RÉALISER. IL SUFFIT DE FAIRE FONDRE DU CHOCOLAT ET D'EN ÉTALER DES LANGUETTES SUR DES OBJETS INCURVÉS POUR CRÉER UN MÉLI-MÉLO DE VAGUES.

un gâteau rond de 20 cm de diamètre (nous avons utilisé un gâteau au chocolat classique mais vous pouvez également choisir un gâteau au beurre, au chocolat riche ou à la noix de coco)

papier sulfurisé épais
60 g de chocolat blanc de couverture
60 g de chocolat au lait de couverture
60 g de chocolat noir de couverture

Glaçage au chocolat au lait
250 g de chocolat au lait, en morceaux
125 ml de crème fraîche
2 cuil. à café de sirop de maïs

1 Pour confectionner les vagues en chocolat, découper de longues bandes de papier sulfurisé larges de 3-4 cm. Il est possible de varier les longueurs. Faire fondre les chocolats blanc, au lait et noir séparément : mettre le chocolat dans une jatte résistante à la chaleur et poser celle-ci sur un bain-marie d'eau bouillante sans mettre le fond en contact avec l'eau. Remuer le chocolat jusqu'à ce qu'il soit fondu. En étaler une fine couche sur une face de chaque bande de papier. Déposer les bandes sur un rouleau à pâtisserie ou des bouteilles pour façonner des vagues. Laisser figer.
2 Pour confectionner le glaçage au chocolat au lait, mettre le chocolat, la crème fraîche et le sirop de glucose dans une jatte résistante à la chaleur. Poser celle-ci sur un bain-marie d'eau frémissante retiré du feu (ne pas mettre le fond en contact avec l'eau). Remuer

jusqu'à obtention d'une préparation onctueuse. Sinon, faire fondre le chocolat dans un four à micro-ondes sur la position maximum pendant 30 secondes.
3 Avec un couteau-scie, couper la partie supérieure bombée du gâteau pour obtenir une surface plane. Renverser le gâteau sur une grille afin que le fond du gâteau devienne le dessus. Poser la grille sur une plaque de four. Verser le glaçage au chocolat sur le gâteau puis taper la plaque sur le plan de travail pour que le glaçage s'écoule sur le pourtour du gâteau en une couche régulière. Laisser figer le glaçage – si le temps est chaud, réfrigérer le gâteau. Gratter les morceaux de glaçage restés sur la plaque et les réchauffer à feu doux jusqu'à obtention d'une texture onctueuse (passer le glaçage pour éliminer les éventuelles miettes de gâteau). Verser le glaçage sur le gâteau en tapant la plaque pour lisser la surface. Laisser figer. Transférer délicatement le gâteau sur un plat de service.
4 Une fois le glaçage complètement figé, détacher le papier des vagues en chocolat. Enchevêtrer celles-ci sur le gâteau.

À l'avance : il est possible de glacer le gâteau la veille et de confectionner les vagues en chocolat 4 jours à l'avance maximum. Elles se conserveront dans un récipient hermétique placé dans un endroit frais et sombre. Placez les vagues sur le gâteau juste avant de servir.

Étaler une fine couche de chocolat fondu sur une face de chaque bande de papier.

Déposer les bandes de chocolat fondu sur des objets incurvés.

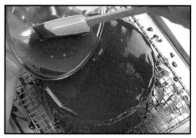

Verser le glaçage sur le gâteau.

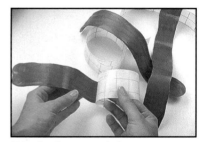

Détachez les vagues de leur support en papier.

GÂTEAU AUX FRUITS CONFITS

CETTE RECETTE, D'UNE SURPRENANTE SIMPLICITÉ, DONNE UNE INTÉRESSANTE TOUCHE D'ORIGINALITÉ À UN GÂTEAU AUX FRUITS CLASSIQUE. NOUS VOUS PROPOSONS ÉGALEMENT UNE VARIANTE POUR CONFECTIONNER DOUZE PETITS GÂTEAUX INDIVIDUELS.

une préparation pour gâteau aux fruits (voir recette page 13)

725 g de fruits confits mélangés grossièrement hachés (abricots, ananas, gingembre et cerises par exemple)
3 cuil. à café de gélatine
ruban décoratif

1 Préchauffer le four à 150 °C (th. 2). Chemiser un moule à gâteau ovale de 18 x 25 cm de 2 couches de papier siliconé. Envelopper l'extérieur du moule de 3 feuilles de papier journal nouées en place avec une ficelle.

2 Transférer la préparation pour gâteaux aux fruits dans le moule et lisser le dessus avec la paume de main mouillée. Taper le moule plusieurs fois sur le plan de travail pour éliminer les bulles d'air. Enfourner le gâteau sur plusieurs feuilles de papier journal pendant 3 heures. Disposer les fruits confits sur le dessus et enfourner à nouveau pendant 30 minutes. Couvrir le gâteau de papier d'aluminium ou de papier sulfurisé graissé pour empêcher les fruits de brûler et poursuivre la cuisson pendant une heure ou jusqu'à ce qu'une brochette insérée en son milieu ressorte nette.

3 Verser 3 cuillerées à soupe d'eau bouillante dans une jatte et parsemer de gélatine. Laisser reposer une minute jusqu'à ce qu'elle devienne spongieuse et remuer vivement avec une fourchette pour la dissoudre. Badigeonner de gélatine le gâteau chaud, couvrir le dessus de papier sulfurisé et l'envelopper d'un torchon. Le laisser refroidir complètement puis le démouler et nouer un ruban autour.

À l'avance : ce gâteau se confectionne à l'avance et peut se conserver pendant un an dans un récipient hermétique.

Variante : cette recette convient également pour confectionner des gâteaux individuels. Graisser douze moules à muffins avec du beurre fondu ou de l'huile et en chemiser le fond de papier sulfurisé. Les remplir de préparation pour gâteaux aux fruits, lisser le dessus à la spatule, garnir de fruits confits et enfourner pendant 1 h 15 ou jusqu'à ce qu'une brochette insérée au milieu d'un des gâteaux ressorte nette.

Tremper sa main dans l'eau et lisser le dessus du gâteau avec la paume.

Disposez les fruits confits sur le dessus du gâteau.

Étendre la gélatine au pinceau sur les fruits confits.

43

GÂTEAU DE MARIAGE À LA GANACHE

POUR REMPLACER LA TRADITIONNELLES PIÈCE MONTÉE SERVIE LORS DES MARIAGES, ESSAYEZ CE GÂTEAU DE MARIAGE À LA GANACHE AU CHOCOLAT BLANC.

une génoise de 18 cm de diamètre et une autre de 25 cm

Ganache au chocolat blanc
150 g de chocolat blanc de couverture
135 g de chocolat blanc
125 ml de crème fraîche
250 g de beurre doux

Fourrage à la crème
75 g de maïzena
60 g de préparation pour crème anglaise
150 g de sucre en poudre
2 cuil. à café d'extrait naturel de vanille
375 ml de crème fraîche
500 ml de lait
2 jaunes d'œuf

185 ml de Cointreau
300 g de chocolat blanc de couverture, fondu
165 g de sucre

1 Pour confectionner la ganache, mettre tous les ingrédients dans une casserole à feu doux et remuer jusqu'à obtention d'une crème onctueuse. Transférer dans une jatte, couvrir de film alimentaire et laisser refroidir sans réfrigérer. Battre pendant 3-5 minutes jusqu'à ce qu'elle devienne mousseuse.
2 Pour confectionner le fourrage, mettre la maïzena, la préparation pour crème anglaise, le sucre et l'extrait de vanille dans une casserole. Ajouter peu à peu la crème fraîche et le lait et battre jusqu'à suppression des grumeaux. Remuer et laisser frémir à feu doux pendant

3 minutes. Incorporer rapidement les jaunes d'œuf hors du feu. Transférer la crème dans une jatte, couvrir de film alimentaire et réfrigérer pendant 30 minutes, remuer de temps en temps.
3 Partager chaque gâteau à l'horizontale en trois biscuits. Poser le biscuit inférieur du grand gâteau sur un plat. Badigeonner de Cointreau et enduire d'un tiers de fourrage. Répéter le processus sur un autre biscuit. Badigeonner de Cointreau le dessous du biscuit supérieur et le poser dessus. Garnir de deux tiers de ganache.
4 Poser le biscuit inférieur du petit gâteau sur le dessus du grand gâteau. Le badigeonner de Cointreau et l'enduire d'un tiers de fourrage. Superposer un autre biscuit et répéter le processus. Badigeonner de Cointreau le dessous du biscuit supérieur et le poser dessus. Garnir de deux tiers de ganache. Réfrigérer.
5 Étendre deux morceaux de film alimentaire. Plisser la surface et dresser 2 bandes de chocolat fondu de 10 cm de largeur. Laisser figer. Casser les bandes en plusieurs morceaux. Disposer ces morceaux autour du gâteau en les chevauchant un peu.
6 Chemiser 3 plaques à pâtisserie de papier d'aluminium. Placer une sauteuse sur feu moyen et saupoudrer le fond d'un peu de sucre. À mesure qu'il fond, ajouter le reste du sucre. Remuer pour supprimer les grumeaux et empêcher le caramel de brûler. Lorsque celui-ci devient brun doré, l'ôter du feu. Déposer des filets de caramel sur les plaques, laisser refroidir puis les détacher. Nouer un ruban autour du gâteau et garnir celui-ci de filets de caramel.

À l'avance : ce gâteau se conserve pendant 2 jours. Ajouter le caramel au dernier moment.

Partager chaque gâteau à l'horizontale en trois biscuits.

Enduire les biscuits de fourrage.

Étaler le chocolat fondu sur le film alimentaire plissé.

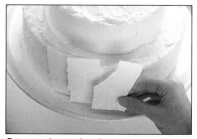

Faire se chevaucher les morceaux de chocolat.

Déposer le caramel en filet sur le papier d'aluminium.

MILLEFEUILLE À LA CERISE

LE MILLEFEUILLE – UN ASSEMBLAGE DE PLUSIEURS COUCHES DE PÂTE FEUILLETÉE INTERCALÉES DE CRÈME ET DE FRUITS - EST UNE PÂTISSERIE UNIVERSELLEMENT APPRÉCIÉE. NOUS AVONS ADAPTÉ LA RECETTE À NOTRE IDÉE ET CRÉÉ UN FOURRAGE COMPOSÉ DE CRÈME ET DE CERISE.

un gâteau à la noix de coco carré de 23 cm

2 rouleaux de pâte feuilletée prête à l'emploi
6 bocaux (425 g) de cerises noires dénoyautées
40 g de maïzena
1,25 l de crème fraîche épaisse
125 ml de kirsch
sucre glace, pour saupoudrer

1 Préchauffer le four à 210 °C (th. 6-7). Étendre un rouleau de pâte feuilletée sur une plaque à pâtisserie chemisée de papier sulfurisé et piquer la surface à la fourchette. L'enfourner pendant 10 minutes ou jusqu'à ce que la pâte soit dorée. Procéder à l'identique avec le second rouleau. Laisser refroidir.
2 Égoutter les cerises et réserver 500 ml de sirop. Délayer la maïzena dans un peu de sirop pour obtenir une pommade. Verser le reste de sirop et les cerises dans une grande casserole et ajouter la pommade. Chauffer le mélange à feu moyen en remuant jusqu'à ce qu'il boue et épaississe. Le transférer sur une grande plaque à pâtisserie ou dans un plat pour le laisser refroidir complètement en remuant de temps en temps.
3 Légèrement fouetter la crème fraîche. Couper le gâteau en trois biscuits avec un grand couteau-scie. Poser un morceau de pâte feuilletée sur une plaque et l'enduire d'un tiers de mélange aux cerises. Garnir d'un biscuit, badigeonner celui-ci de kirsch et l'enduire de crème. Répéter cette opération deux autres fois et terminer

le millefeuille avec le second morceau de pâte feuilletée. Utiliser un couteau électrique ou un grand couteau-scie pour égaliser les bords du gâteau. Transférer le gâteau sur un plat de service.
4 Saupoudrer le gâteau de sucre glace. Chauffer une brochette en métal sur une flamme jusqu'à ce qu'elle soit rouge. Tenir la brochette avec un torchon et la presser sur le sucre pour dessiner des croisillons en le caramélisant - il faudra chauffer plusieurs fois la brochette à la flamme.

À l'avance : il est préférable de confectionner ce gâteau plusieurs heures à l'avance pour laisser reposer les différentes couches. Saupoudrer de sucre et dessiner les croisillons peu de temps avant de servir.

Étendre du fourrage à la cerise sur le premier morceau de pâte feuilletée.

Égaliser les côtés du millefeuille.

Dessiner des croisillons sur le dessus du gâteau avec une brochette métallique.

VOLUTES AUX DEUX CHOCOLATS

DANS CE GÂTEAU, LE COLLIER EN CHOCOLAT ET LA GANACHE AU CHOCOLAT BLANC SONT MAGNIFIQUEMENT REHAUSSÉS PAR UN MÉLI-MÉLO DE VOLUTES RAYÉES AUX DEUX CHOCOLATS.

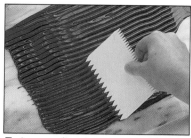

Traîner une fourchette sur toute la surface du chocolat noir.

un gâteau rond de 20 cm de diamètre (nous avons utilisé un gâteau au chocolat mais vous pouvez également choisir un gâteau au beurre, au chocolat classique ou à la noix de coco)

Ganache au chocolat blanc
180 g de chocolat blanc de couverture
125 ml de crème fraîche
250 g de beurre doux

Volutes rayées
150 de chocolat noir
150 g de chocolat blanc

Collier en chocolat
papier sulfurisé épais
60 g de chocolat noir, haché
60 g de chocolat noir de couverture

1 Pour confectionner la ganache, mettre tous les ingrédients dans une casserole. Remuer sur feu doux jusqu'à obtention d'une préparation onctueuse. La transférer dans une petite jatte, couvrir le dessus avec du film alimentaire et laisser refroidir. Battre pendant 3-5 minutes jusqu'à obtention d'une crème épaisse et pâle.

2 Pour confectionner les volutes, mettre le chocolat noir dans une jatte résistante à la chaleur. Poser celle-ci sur un bain-marie d'eau frémissante retiré du feu (sans mettre le fond en contact avec l'eau). Remuer jusqu'à ce que le chocolat soit fondu. L'étaler rapidement sur une plaque en marbre. Traîner une fourchette sur toute la surface du chocolat. Le laisser figer à température

ambiante sauf s'il fait très chaud.

3 Faire fondre le chocolat blanc et l'étaler sur le chocolat noir. Laisser figer.

4 A l'aide d'un couteau incliné à 45°, grattez le dessus du chocolat. Les bandes s'enrouleront en volutes à mesure qu'elles se détacheront. Ne pas trop presser. Si le chocolat est devenu trop ferme, les volutes se briseront. Dans ce cas, le laisser reposer dans un endroit chaud et essayer à nouveau.

5 Couper la partie supérieure bombée du gâteau pour obtenir un dessus plat. Couper le gâteau à l'horizontale en trois biscuits égaux. Superposer les biscuits en les intercalant avec une couche de ganache. Réserver suffisamment de ganache pour enduire le dessus et le pourtour du gâteau.

6 Pour confectionner le collier, mesurer la hauteur du gâteau et ajouter 5 mm. Découper une bande de papier de cette hauteur et assez longue pour faire le tour du gâteau en prévoyant un léger chevauchement. Faire fondre le chocolat et l'étaler en une couche fine et régulière sur un côté du papier. Laisser figer un moment mais vous devez pouvoir courber le papier sans faire craqueler le chocolat. Travailler rapidement : enrouler le papier autour du gâteau, chocolat à l'intérieur. Sceller les extrémités entre elles et attendre que le chocolat soit figé. Détacher le papier et disposez les volutes sur le gâteau.

À l'avance : les volutes en chocolat se conservent 4 jours maximum dans un récipient hermétique. Posez-les sur le gâteau juste au moment de servir. Vous pouvez glacer le gâteau la veille – par temps chaud, mettez-le au réfrigérateur et servez-le à température ambiante.

Étaler le chocolat blanc sur le chocolat noir en remplissant les rainures.

Utiliser un grand couteau tranchant pour gratter les volutes de chocolat.

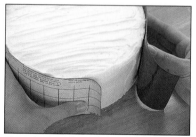

Enrouler le collier, chocolat à l'intérieur, autour du gâteau. Laisser figer.

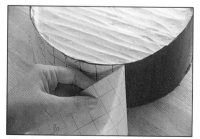

Une fois le chocolat figé, détachez le papier sulfurisé.

GÂTEAU CORNELLI

CET ÉLÉGANT GÂTEAU FAIT SENSATION À CHACUNE DE SES APPARITIONS. NOUS AVONS CHOISI DU CRÈME ET DU VIOLET POUR CRÉER UN ASSORTIMENT COLORÉ SOPHISTIQUÉ MAIS LIBRE À VOUS DE PRÉFÉRER D'AUTRES TEINTES POUR LE GLAÇAGE.

deux gâteaux ronds de 20 cm et un de 15 cm (nous avons utilisé un gâteau à la carotte mais vous pouvez également choisir un gâteau au chocolat classique, au chocolat riche ou à la noix de coco).

Glaçage à la meringue
4 blancs d'œuf
220 g de sucre glace
330 g de beurre doux

colorant alimentaire
dragées rondes et cachous argentés
petites fleurs violettes cristallisées

1 Pour confectionner le glaçage à la meringue, mettre les blancs d'œuf et le sucre dans une jatte résistante à la chaleur et la poser sur un bain-marie d'eau frémissante. Remuer en veillant à ne pas cuire les blancs.
2 Une fois le sucre dissous, ôter le bain-marie du feu et battre le mélange au batteur électrique pendant 5 minutes ou jusqu'à formation de pics fermes. Couper le beurre en 10 morceaux et l'ajouter au mélange, un morceau après l'autre, en battant après chaque ajout.
3 Avec un grand couteau-scie, couper la partie supérieure bombée de chaque gâteau pour obtenir une surface plane. Renverser un grand gâteau sur un plat, le dessous devenant le dessus. Étendre le glaçage sur le dessus et le pourtour du gâteau et le lisser à la spatule. Poser le petit gâteau dessus. Réserver environ 3 cuillerées à soupe de glaçage et étaler le reste sur le gâteau supérieur.

4 Ajouter quelques gouttes de colorant alimentaire au glaçage réservé pour le teinter d'une couleur pâle (nous avons choisi du mauve) et le transférer dans une petite poche à douille. Dresser des serpentins de glaçage sur le dessus et les pourtours du gâteau. Utiliser une pince pour déposer les dragées, les cachous et les fleurs cristallisées.

À l'avance : ce gâteau peut être décoré deux jours à l'avance maximum. Conservez les deux moitiés au réfrigérateur dans deux récipients séparés. Assemblez le gâteau avant de le servir à température ambiante.

Battre le blancs d'œuf et le sucre et ajoutez les morceaux de beurre un par un.

Poser le petit gâteau sur le dessus.

Dresser des serpentins de glaçage sur toute la surface du gâteau.

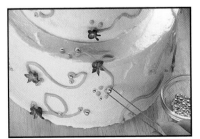

À l'aide d'une pince, disposer les dragées, les cachous et les fleurs cristallisées.

GÂTEAU AUX PÉTALES DE ROSE

AVEC CET AMUSANT GÂTEAU, VOUS AUREZ L'IMPRESSION QUE LE JARDIN S'INVITE À VOTRE TABLE. CHOISISSEZ DE BELLES ROSES FRAÎCHES ET SANS TACHES.

un gâteau cuit dans un moule à charlotte de 2 litres (nous avons utilisé un gâteau au beurre mais vous pouvez également choisir un gâteau au chocolat ou à la noix de coco)

un bouquet de roses de couleur rose pâle
3 roses blanches
1 blanc d'œuf
sucre en poudre

Glaçage à la meringue
3 blancs d'œuf
165 g de sucre en poudre
250 g de beurre doux

1 Chemiser 2 ou 3 grandes plaques à pâtisserie de papier absorbant. Détacher délicatement les pétales de rose et jeter ceux qui sont abîmés ou trop petits. Battre le blanc d'œuf en mousse. Étaler le sucre en poudre sur une grande assiette. Badigeonner les pétales d'un peu blanc d'œuf avec un petit pinceau et les saupoudrer de sucre. Les poser sur le papier absorbant pour les faire sécher pendant 1 ou 2 heures. Le temps de séchage risque de varier selon le temps et l'humidité ambiante.

2 Pour confectionner le glaçage à la meringue, mettre les blancs d'œuf et le sucre dans une jatte résistante à la chaleur. Poser celle-ci sur un bain-marie d'eau frémissante et remuer jusqu'à dissolution du sucre. Attention à ne pas cuire les blancs.

3 Quand le sucre est dissous, retirer la jatte du bain-marie et battre le mélange au batteur électrique pendant 3-5 minutes jusqu'à formation de pics. Couper le beurre en 10 morceaux environ et les ajouter un à un au mélange. Battre entre chaque ajout.

4 Poser le gâteau sur un plat de service. Étaler le glaçage en une couche uniforme sur toute sa surface. Lisser à la spatule. En commençant par la base du gâteau, déposer une rangée de pétales sur tout le pourtour. Déposer une seconde rangée en chevauchant légèrement la première et continuer ainsi jusqu'au sommet du gâteau. Dans les dernières rangées, alterner pétales roses et pétales blancs. Vu de dessus, le gâteau doit ressembler à une fleur épanouie.

À l'avance : ce gâteau peut se décorer un jour à l'avance tant que les pétales sont secs. Le conserver dans un récipient hermétique placé dans un endroit frais et sombre.

Badigeonner les pétales avec un petit pinceau.

Saupoudrez les pétales de sucre.

Disposer une première rangée de pétales autour du gâteau.

GÂTEAU AUX TRUFFES CAPPUCCINO

CE GÂTEAU EST UN PUR DÉLICE. UNE FOIS QUE VOUS SAVEZ CONFECTIONNER LES TRUFFES CAPPUCCINO, VOUS RISQUEZ DE NE PLUS JAMAIS QUITTER VOTRE CUISINE.

deux gâteaux carrés de 23 cm (nous avons utilisé des gâteaux au beurre mais vous pouvez choisir un gâteau au chocolat ou à la noix de coco)

Crème au café

170 ml de crème fraîche
300 g de chocolat blanc de couverture
400 g de beurre doux
160 g de sucre glace
1 cuil. à soupe de café instantané en poudre

200 g de noisettes grillées et grossièrement hachées
16 bouchées Rocher Ferrero
cacao en poudre

Truffes cappuccino

80 ml de crème fraîche
250 g de chocolat noir finement haché
3 cuil. à café de marsala
1 cuil. à soupe de café instantané en poudre
200 g de chocolat blanc de couverture

1 Pour confectionner la crème au café, mélanger la crème fraîche et le chocolat dans une jatte. Poser celle-ci sur un bain-marie d'eau frémissante retiré du feu (sans mettre le fond en contact avec l'eau). Remuer jusqu'à ce que le chocolat soit fondu. Battre le beurre en pommade. Incorporer le sucre et battre jusqu'à obtention d'une crème épaisse et blanche. Incorporer le chocolat fondu

refroidi. Dissoudre le café instantané dans une cuillerée à soupe d'eau bouillante, laisser refroidir puis incorporer à la crème au beurre.
2 Placer un gâteau sur un plat de service. Tartiner d'un quart de la crème au café et poser le second gâteau dessus. Tartiner du reste de crème. Tapissez le pourtour du gâteau de noisettes.
3 Pour confectionner les truffes, porter la crème à ébullition dans une casserole, puis retirer du feu. Ajouter le chocolat noir et remuer jusqu'à ce qu'il soit fondu. Incorporer le marsala et le café. Transférer dans une jatte, couvrir et réfrigérer jusqu'à épaississement.
4 Rouler la préparation en petites boulettes (25 truffes environ). Les poser sur une plaque à pâtisserie chemisée de papier cuisson et les réfrigérer jusqu'à ce qu'elles soient fermes. Si la préparation est trop molle, la déposer en petits monticules sur la plaque et glisser celle-ci au réfrigérateur pendant 15 minutes.
5 Faire fondre le chocolat blanc dans une jatte, laisser refroidir puis plonger les truffes dans le chocolat fondu avec une cuiller ou une fourchette. Les poser sur un morceau de papier sulfurisé et les réfrigérer pendant 15 minutes .
6 Empiler les truffes et les chocolats sur le gâteau. Les coller avec du chocolat fondu. Saupoudrer de cacao.

À l'avance : vous pouvez confectionner les truffes une semaine à l'avance maximum et les conserver dans un récipient hermétique au réfrigérateur. Vous pouvez assembler le gâteau 3 jours à l'avance maximum et le conserver dans un récipient hermétique au réfrigérateur. Servez-le à température ambiante.

Battre au batteur le chocolat fondu et la crème.

Couvrir le gâteau de crème au café et tapisser le pourtour de noisettes.

rPour confectionner les truffes, roulez en boulettes la préparation au chocolat.

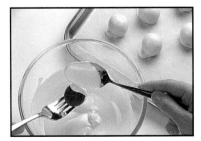

Plonger les truffes dans le chocolat fondu, bien les enrober.

GÂTEAU AU CHOCOLAT ET DÉCOR AU POCHOIR

CE GÂTEAU AU CHOCOLAT DÉLICIEUSEMENT RICHE EST DESTINÉ AUX ARTISTES CULINAIRES EN HERBE. CONFECTIONNEZ VOUS-MÊME VOTRE POCHOIR ET LAISSEZ VAGABONDER VOTRE IMAGINATION !

un gâteau carré de 23 cm (nous avons utilisé un gâteau au chocolat riche mais vous pouvez également opter pour un gâteau au chocolat classique)

1 feuille de papier cartonné pour confectionner le pochoir
cacao en poudre
biscuits chocolatés en forme de cigare (Finger de Cadbury par exemple) pour décorer

Crème au chocolat noir
90 g de chocolat noir en morceaux
2 cuil. à soupe de sucre glace

1 Mettre le gâteau sur la feuille de papier cartonné et tracer son contour. Avec un couteau-scie, couper la partie supérieure bombée du gâteau pour obtenir une surface plane. Renverser le gâteau sur un plat de service afin que le fond devienne le dessus.
2 Dessiner un motif sur le papier cartonné et le découper au cutter pour créer un pochoir.
3 Pour confectionner la crème au chocolat, mettre le chocolat dans une jatte résistante à la chaleur et poser celle-ci sur un bain-marie d'eau frémissante retiré du feu (sans mettre le fond en contact avec l'eau). Remuer le chocolat jusqu'à ce qu'il soit fondu. Battre le beurre au batteur électrique jusqu'à obtention d'une crème pâle. Incorporer peu à peu le chocolat fondu refroidi et le sucre glace et continuer à battre jusqu'à obtention d'une préparation homogène. Étaler la crème

en une couche uniforme sur le dessus et le pourtour du gâteau. Lisser à la spatule. Réfrigérer le gâteau pendant 30 minutes ou jusqu'à ce que la crème soit figée.
4 Poser délicatement le pochoir sur le gâteau. Verser une petite quantité de cacao en poudre dans un fin tamis et secouer celui-ci au-dessus du pochoir. Soulever le pochoir sans laisser tomber le cacao qui reste sur le carton. Disposer les biscuits chocolatés à la verticale autour du gâteau en pressant pour les faire adhérer. S'ils sont trop longs, les couper de manière qu'ils dépassent juste un peu la hauteur du gâteau.

À l'avance : vous pouvez décorer ce gâteau 2 jours à l'avance maximum. Par temps chaud, conservez-le au réfrigérateur, ou bien dans un récipient hermétique placé dans un endroit frais et sec.

Découper un morceau de papier cartonné de la même taille que le gâteau.

Étaler la crème sur la surface du gâteau.

Poser le pochoir sur le gâteau et le saupoudrer de cacao en poudre.

POIRES ET HALO DE CARAMEL FILÉ

POUR CONFECTIONNER CE GÂTEAU FANTAISIE PARSEMÉ DE NOIX DE PÉCAN, CHOISISSEZ DE PETITES POIRES.

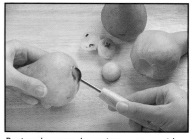

Retirer le cœur des poires avec un vide-pomme, puis les éplucher.

une préparation pour gâteau au beurre (voir recette page 10)

1 bâton de cannelle
2 lanières de zeste de citron
1 cuil. à soupe de jus de citron
440 g de sucre en poudre
6 petites poires
3 cuil. à soupe de confiture d'abricot
2 cuil. à soupe de noix de pécan hachées
sucre glace pour saupoudrer

1 Mettre la cannelle, le zeste de citron, un litre d'eau et la moitié du sucre dans une casserole à feu doux. Remuer jusqu'à dissolution du sucre. Retirer le cœur des poires avec un vide-pomme. Les peler et les mettre dans le sirop. Laisser frémir pendant 10 minutes en couvrant partiellement. Les retirer du feu et les laisser refroidir dans le sirop. Les égoutter et les laisser reposer sur du papier absorbant.

2 Préchauffer le four à 180 °C (th. 6). Graisser deux moules à charnière de 23 cm de diamètre et chemiser les fonds avec du papier sulfurisé. Répartir la préparation dans les deux moules. Disposer les poires en couronne sur un des gâteaux à environ 2 cm du bord et presser légèrement pour les faire pénétrer. Enfourner les gâteaux pendant 40 minutes ou jusqu'à ce qu'une brochette insérée au milieu du gâteau sans poires ressorte nette. Faire cuire le gâteau aux poires 40 minutes de plus. Laisser reposer les gâteaux dans leur moule pendant 5 minutes avant de les démouler.

3 Chauffer la confiture et la passer au chinois. En étaler un peu sur le gâteau sans poires – s'il est bombé sur le dessus, le tailler pour l'aplanir. Poser le gâteau aux poires dessus et le badigeonner de confiture d'abricot. Le parsemer d'éclats de noix de pécan.

4 Pour le caramel filé, placer deux feuilles de papier journal sur le sol, à l'endroit où l'on va filer le caramel. Poser une cuiller en bois sur le plan le travail avec le manche qui dépasse du bord. Graisser le manche. Mettre une casserole à fond épais sur feu moyen. La saupoudrer peu à peu de sucre (en rajouter à mesure qu'il fond). Remuer pour éliminer les grumeaux et empêcher le sucre de brûler. Faire couler un peu d'eau dans l'évier. Quand le caramel devient brun doré, retirer la casserole du feu et tremper le fond dans l'eau pour interrompre la cuisson du caramel et épaissir celui-ci.

5 Tenir deux fourchettes dos à dos et les plonger dans le caramel chaud. Les faire aller et venir au-dessus du manche de la cuiller. Replonger les fourchettes dans le caramel aussi souvent que nécessaire. Si le caramel devient trop épais, le chauffer brièvement sur feu doux. Retirer le caramel de la cuiller et le façonner en halo de la grandeur du cercle formé par les poires. Confectionner deux ou trois halos supplémentaires et les placer sur les poires.

À l'avance : il est préférable de manger ce gâteau le jour même. Vous pouvez conserver le caramel dans un récipient hermétique pendant quelques heures. Placez-le sur le gâteau juste au moment de servir.

Disposer les poires pochées en couronne sur un des gâteaux.

Verser la sucre dans la casserole et remuez pour éliminer les grumeaux.

Faire aller et venir les fourchettes au-dessus du manche de la cuiller en bois.

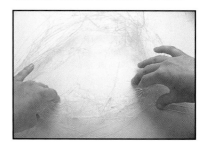

Retirer le caramel filé de la cuiller et le façonner en halo.

FRUITS GIVRÉS DE NOËL

POUR PROPOSER UN DESSERT ORIGINAL AU MOMENT DE NOËL, ENROBEZ DE SUCRE
UN ASSORTIMENT DE BAIES ET DE PETITS FRUITS À NOYAUX ET ASSEMBLEZ-LES EN UN
ALLÉCHANT MONTICULE SUR LE TRADITIONNEL GÂTEAU AUX FRUITS.

un gâteau aux fruits ovale de 18 x 25
   cm

un assortiment de baies rouges ou
   petits fruits à noyaux comme des
   cerises, des groseilles rouges ou
   blanches, des abricots, de petites
   prunes ou poires
1 blanc d'œuf
sucre en poudre

Glaçage
1 blanc d'œuf
1-2 cuil. à café de jus de citron
125 g de sucre glace tamisé

I Laver les fruits et s'assurer qu'ils sont
complètement secs avant de
commencer. Chemiser une plaque à
pâtisserie de papier absorbant. Mettre
le blanc d'œuf dans une petite jatte et
le fouetter jusqu'à formation d'une
mousse. Verser du sucre en poudre dans
une grande assiette. Travailler avec un
fruit à la fois, sauf pour les baies que l'on
peut sucrer en petites grappes.
Badigeonner les fruits d'une légère
couche de blanc d'œuf.

2 Saupoudrer les fruits de sucre et les
secouer pour éliminer l'excédent. Les
laisser sécher sur la plaque. Le temps de
séchage est fonction du taux d'humidité.
Givrer toujours plus de fruits que
nécessaire pour avoir plus de choix au
moment de garnir le gâteau.

3 Pour confectionner le glaçage,
fouetter le blanc d'œuf en mousse. Lui
incorporer une cuillerée à café de jus de
citron. Ajouter le sucre glace peu à peu
et fouetter entre chaque ajout. Le
glaçage doit être épais et blanc – ajouter

un peu plus de jus de citron si besoin
mais veiller à ne pas le rendre trop
liquide.

4 Poser le gâteau sur un plat de service.
En travaillant rapidement, le napper de
glaçage. Lisser à la spatule et laisser
déborder sur le pourtour du gâteau.
Laisser reposer pendant 10 minutes pour
que le glaçage fige un peu. Disposer les
fruits givrés sur le dessus.

À l'avance : vous pouvez givrer les fruits
plusieurs heures à l'avance.

Badigeonner les fruits de blanc d'œuf
puis les saupoudrer de sucre glace.

Ajouter le jus de citron et le sucre glace au
blanc d'œuf.

Lisser le glaçage en le laissant déborder
sur le pourtour du gâteau.

GÂTEAU DE MARIAGE

POUR UN PÂTISSIER AMATEUR, LA CONFECTION D'UN SOMPTUEUX GÂTEAU DE MARIAGE, AUTRE QUE LA TRADITIONNELLE PIÈCE MONTÉE, EST UNE EXPÉRIENCE RÉJOUISSANTE ET HAUTEMENT GRATIFIANTE. CÉLÉBREZ CE JOUR EXCEPTIONNEL AVEC STYLE EN RÉALISANT CET ÉLÉGANT GÂTEAU.

un gâteau rond de 30 cm de diamètre et un autre de 15 cm (nous avons utilisé des gâteaux aux fruits mais vous pouvez également choisir du gâteau au chocolat riche)

une portion de pastillage (utiliser du pastillage tout prêt ou suivre la recette page 7)
maïzena et sucre glace, pour saupoudrer
découpoir en pétale de fleur de frangipanier
craies jaunes comestibles et colorants alimentaires vert, marron et jaune
découpoir en forme de longue feuille
plaques à gâteau rondes de 15 cm et de 40 cm de diamètre
2 cuil. à soupe de confiture d'abricots
3 x 500 g de glaçage au fondant (ou voir recette page 7)
4 brochettes en bois
1 cuil. à café de blanc d'œuf
1-2 cuil. à soupe de sucre glace
ruban

1 Sur un plan de travail saupoudré de maïzena, abaisser une petite quantité de pastillage en un disque de 2 mm d'épaisseur. En travaillant rapidement, découper des pétales avec un découpoir. Découper 10 pétales à la fois (assez pour deux fleurs) et les couvrir de film alimentaire. Saupoudrer ses doigts de maïzena et lisser la bordure des pétales. Presser délicatement le milieu du pétale pour l'incurver légèrement. Déposer une goutte d'eau à la pointe de chaque pétale et presser un autre pétale dessus en. Quand les cinq pétales sont prêts, pincer les extrémités pour les assembler. Les

déposer dans un trou rembourré d'une boîte à œufs et ouvrir les pétales pour former une fleur. Confectionner au moins 20 fleurs à divers stades d'épanouissement. Confectionner des boutons en façonnant de petits cigares puis les torsader un peu. Une fois les fleurs sèches, saupoudrer le centre de craie jaune.
2 Pétrir du colorant alimentaire vert dans un peu de pastillage. Abaisser celui-ci en un mince disque et, avec un découpoir en feuille ou un couteau, découper des feuilles de 5 cm de long. Les plier en deux en pressant, les ouvrir et tracer des nervures avec le dos du couteau. Torsader les feuilles et les laisser sécher avant de les remiser dans des récipients hermétiques. Les peindre avec du colorant marron et vert et un peu d'eau. Laisser sécher.
3 Couper la partie supérieure bombée des gâteaux en s'assurant qu'ils sont de la même hauteur. Les renverser sur des plaques. Chauffer la confiture, la passer au chinois et l'étendre sur les gâteaux.
4 Pétrir le glaçage sur un plan de travail saupoudré de sucre glace. Ajouter du colorant pour lui donner une teinte crème. Abaisser deux tiers du glaçage en un disque de 5 mm d'épaisseur assez grand pour couvrir le grand gâteau. Enrouler le glaçage sur un rouleau à pâtisserie et le déposer sur le gâteau. Le lisser à la paume de la main saupoudrée de sucre glace et couper l'excédent. Répéter l'opération avec le reste de glaçage et le petit gâteau. Laisser sécher le glaçage pendant une journée avant de le décorer.
5 Insérer des brochettes dans le gâteau inférieur à égale distance les unes des autres de façon qu'elles soient couvertes par le gâteau supérieur (voir page 9).

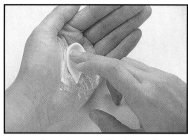

Presser la partie arrondie du pétale pour façonner un léger creux.

Assembler les pétales délicatement en pinçant les extrémités.

Placer les fleurs dans les trous d'une boîte à œufs puis ouvrir les pétales.

Poser le petit gâteau sur le grand.
6 Mélanger le blanc d'œuf avec un peu de sucre glace afin d'obtenir une pâte molle. Nouer un ruban à la base de chaque gâteau et le fixer avec la pâte. Maintenir les rubans en place avec des épingles pendant que la pâte sèche (les retirer avant de servir le gâteau). Disposer les fleurs et les feuilles sur les gâteaux et les coller avec de la pâte.

À l'avance : laisser sécher les fleurs au moins 24 heures. Elles se conservent pendant un mois dans un récipient hermétique avec un peu de riz pour absorber l'humidité. Vous pouvez conserver les gâteau aux fruits un an et le gâteau au chocolat riche une semaine.

GÂTEAU AUX ORANGES ET CITRONS CONFITS

CE GÂTEAU ÉVOQUE AVEC BRIO LES COULEURS ET LES SAVEURS DE L'ÉTÉ. ACCOMPAGNÉ DE QUELQUES BOULES DE GLACE, IL VIENDRA CLÔTURER EN BEAUTÉ UN REPAS EN PLEIN AIR.

un gâteau cuit dans un moule à kouglof de 1,5 litre (nous avons utilisé un gâteau à la noix de coco mais vous pouvez également choisir un gâteau au beurre).

2 oranges
2 citrons
jusqu'à 500 g de sucre en poudre

1 Couper les oranges et les citrons en fines rondelles, sans les peler. Verser 250 g de sucre dans une sauteuse à fond épais avec 80 ml d'eau. Remuer sur feu doux jusqu'à dissolution complète du sucre. Porter à ébullition puis réduire la flamme jusqu'au frémissement. Ajouter un quart des rondelles de fruits au sirop et laisser frémir pendant 5-10 minutes ou jusqu'à ce qu'elles soient transparentes et semblables à du caramel. Retirer les fruits avec une pince et les laisser refroidir sur une grille à pâtisserie.

2 Ajouter 90 g de sucre au sirop et remuer doucement pour le dissoudre – si l'on n'ajoute pas de sucre, le jus des fruits décompose le sirop concentré et il est impossible de confire les fruits correctement. Laisser frémir le second lot de rondelles de fruits. Ajouter 90 g de sucre au sirop après la cuisson de chaque lot.

3 Lorsque tous les fruits sont confits, poser le gâteau sur une grille à pâtisserie installée sur une plaque de four. Le napper de sirop chaud ; si le sirop est trop épais, l'allonger avec un peu de jus d'orange. Transférer le gâteau sur un plat de service. Lorsque les rondelles se

sont raffermies, les dresser sur le gâteau (vous pouvez choisir de torsader certaines rondelles).

À l'avance : les fruits confits se conservent entre des feuilles de papier sulfurisé dans un récipient hermétique pendant 2 jours maximum. Servez le gâteau quelques heures seulement après l'avoir décoré.

Note : si vous n'avez pas de moule à kouglof, vous pouvez faire cuire ce gâteau dans un moule rond de 20 cm de diamètre.

Variante : si les oranges sanguines sont de saison, n'hésitez pas à en utiliser ; elles produiront un fabuleux contraste. Il convient toutefois de les manipuler avec précaution car elles se désagrègent aisément dans le sirop.

Ajouter un quart des rondelles de fruits au sirop de sucre frémissant.

Laisser frémir les fruits ; ils doivent ressembler à du caramel.

Posez le gâteau sur une grille installée sur un plateau pour récupérer le sirop.

GÂTEAU AUX FEUILLES CHOCOLATÉES

CE GÂTEAU EST FACILE ET AMUSANT À CONFECTIONNER, EN PARTICULIER SI VOUS AVEZ DES ENFANTS QUI AIMENT AIDER À LA CUISINE. UN APRÈS-MIDI PLUVIEUX, OCCUPEZ-LES À PEINDRE DES FEUILLES EN CHOCOLAT, ILS TROUVERONT CERTAINEMENT CETTE ACTIVITÉ PASSIONNANTE.

un gâteau rond de 20 cm de diamètre (nous avons utilisé un gâteau au chocolat riche mais vous pouvez également choisir un gâteau au chocolat classique)

Glaçage au chocolat noir
250 g de chocolat noir, en morceaux
125 ml de crème fraîche
2 cuil. à café de sirop de maïs

90 de chocolat blanc de couverture
90 g de chocolat au lait de couverture
90 g de chocolat noir de couverture
assortiment de feuilles non toxiques

1 Pour confectionner le glaçage au chocolat noir, mettre le chocolat, la crème fraîche et le sirop de maïs dans une jatte. Poser celle-ci sur un bain-marie d'eau bouillante retiré du feu (sans mettre le fond en contact avec l'eau). Remuer jusqu'à obtention d'un glaçage onctueux, ou faire fondre le chocolat au four à micro-ondes 30 secondes sur la position maximum.

2 Avec un couteau-scie, couper la partie supérieure bombée du gâteau pour aplanir le dessus. Renverser le gâteau sur une grille à pâtisserie. Poser celle-ci sur une plaque de four pour recueillir l'excédent de glaçage. Verser le glaçage sur le gâteau, le laisser s'écouler sur le pourtour et bien l'étaler à la spatule en une couche uniforme. Taper la plaque sur le plan de travail pour obtenir une surface lisse. Réfrigérer le gâteau 10-15 minutes pour figer le glaçage.

3 Chemiser 2 plaques à pâtisserie de papier sulfurisé. Faire fondre les chocolats séparément : mettre le chocolat dans une jatte résistante à la chaleur et poser celle-ci sur un bain-marie d'eau frémissante retiré du feu (ne pas mettre le fond de la jatte en contact avec l'eau). Remuer le chocolat au-dessus de l'eau bouillante jusqu'à ce qu'il fonde, ou le faire fondre dans un four à micro-ondes 1 minute en position maximum, remuer au bout de 30 secondes.

4 S'assurer que les feuilles sont propres et sèches. Avec un petit pinceau, enduire de chocolat une face de chaque feuille. Alterner la face lisse et la face nervurée. Sur certaines feuilles, utiliser deux ou trois chocolats différents. Toujours enduire plus de feuilles que nécessaire au cas où certaines se déchirent. Faire sécher les feuilles sur les plaques à pâtisserie. Remplir de chocolat noir une petite poche à douille en papier et dresser des brindilles en chocolat sur une des plaques à pâtisserie. Laisser durcir.

5 Séparer délicatement les feuilles du chocolat. Dresser le gâteau sur un plat de service et disposer les feuilles et les brindilles en chocolat dessus.

À l'avance : ce gâteau peut être décoré deux jours à l'avance maximum et conservé au réfrigérateur. Servez-le à température ambiante. Les feuilles se conservent pendant une semaine dans un récipient hermétique placé au réfrigérateur ou dans un endroit frais et sombre.

Note : si vous préférez, confectionnez votre glaçage avec du chocolat au lait au lieu du chocolat noir.

Faire fondre les trois chocolats puis enduire les feuilles de chocolat.

Dessinez des brindilles de chocolat noir.

Une fois le chocolat figé, détachez délicatement les feuilles.

PAQUETS-CADEAUX

CETTE COMPOSITION SPECTACULAIRE ET COLORÉE SERA LA BIENVENUE DANS DE NOMBREUSES OCCASIONS – ANNIVERSAIRES, MARIAGES OU BAPTÊME.

un gâteau aux fruits carré de 12 cm et un autre de 25 cm
un gâteau au chocolat riche carré de 16 cm et un autre de 30 cm

80 g de confiture d'abricots
9 x 500 g de glaçage au fondant tout prêt (ou voir recette page 7)
sucre glace, pour saupoudrer
colorants alimentaires assortis
brochettes en bois
1 blanc d'œuf

I Dans du carton fort, découper 3 carrés de la taille des plus petits gâteaux. Couper la partie supérieure bombée des gâteaux pour qu'ils soient de même hauteur. Renverser les gâteaux sur un carré en papier cartonné et sur un plat de service. Chauffer la confiture, la passer au chinois et l'étendre sur les gâteaux.

2 Pétrir 1,75 kg de glaçage sur un plan de travail saupoudré de sucre glace. Le teinter en rose pâle. L'abaisser en un disque de 5 mm d'épaisseur assez grand pour couvrir le plus grand gâteau. Saupoudrer le plan de travail et le rouleau à pâtisserie de sucre glace pour empêcher le glaçage d'adhérer. Colmater les éventuels trous dans le gâteau avec un peu de glaçage. Enrouler le glaçage sur le rouleau à pâtisserie et le déposer sur le gâteau. Le lisser délicatement avec la paume de la main saupoudrée de sucre glace. Couper l'excédent de glaçage. Teinter les chutes de glaçage en rose plus foncé et les envelopper dans du film alimentaire.

3 Insérer quatre brochettes dans le gâteau pour soutenir les différents étages (voir page 9). Pétrir 1,5 kg de glaçage et le teinter en bleu pâle. L'abaisser pour couvrir le gâteau de 25 cm. Teinter les chutes en bleu plus foncé. Insérer à nouveau quatre brochettes dans le gâteau.

4 Pétrir 500 g de glaçage et le teinter en orange pâle pour couvrir le plus petit gâteau. Teinter les chutes de glaçage en orange plus foncé.

5 Superposer les gâteaux. Abaisser le glaçage le plus foncé en disques de 3 mm d'épaisseur. Découper des cœurs dans le glaçage rose et coller ceux-ci sur le gâteau rose avec un peu de blanc d'œuf. Découper des bandes dans le glaçage bleu et les coller sur le gâteau bleu. Découper des marguerites dans le glaçage jaune foncé et les coller sur le gâteau jaune – découper de petits ronds dans le glaçage jaune pâle pour faire les cœurs. Coller de petits ronds de glaçage orange foncé sur le gâteau orange. Abaisser le reste de glaçage orange foncé et découper des bandes larges de 3 cm ; les coller sur le gâteau pour figurer un ruban. Abaisser à nouveau le reste de glaçage et découper 2 bandes. Tailler les extrémités (photo 3), les plier en deux autour d'un peu de coton hydrophile. Enrouler une petite bande de glaçage autour de la jointure pour former le centre du nœud. Poser ce nœud à l'endroit où le ruban se croise. Une fois le glaçage figé, retirer le coton hydrophile.

À l'avance : ce gâteau se conserve pendant 2 semaines. Vous pouvez choisir de le confectionner uniquement avec des gâteaux aux fruits et le conserver pendant 1 an.

Enrouler le glaçage sur le rouleau à pâtisserie et le dérouler sur le gâteau.

Coller les marguerites sur le gâteau avec du blanc d'œuf.

Tailler les angles des bandes aux extrémités et les plier en deux.

Fabriquer un nœud et le poser à l'endroit où le ruban se croise.

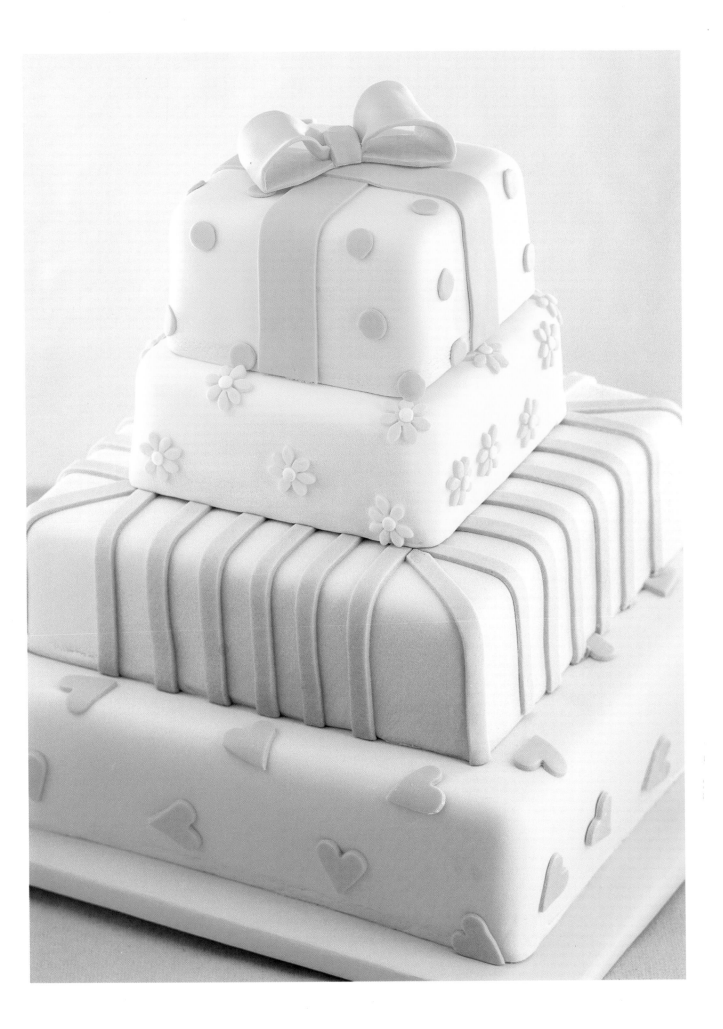

CERCLES EN CARAMEL

LES FORMES EN CARAMEL SONT AMUSANTES À CONFECTIONNER MAIS NE DÉCIDEZ PAS D'ENTREPRENDRE CETTE ACTIVITÉ UN JOUR OÙ IL FAIT TRÈS CHAUD ; VOS CERCLES EN CARAMEL DEVIENDRAIENT MOUS ET PERDRAIENT DE LEUR ATTRAIT.

quatre gâteaux ronds de 9 cm de diamètre (nous avons utilisé un gâteau à la carotte mais vous pouvez choisir un gâteau au beurre ou à la noix de coco)

Glaçage au fromage frais
375 g de fromage frais battu
75 g de beurre doux
90 g de sucre glace, tamisé
1 cuil. à café d'extrait naturel de vanille

100 g de sucre en poudre
noix muscade en poudre pour saupoudrer

1 Pour préparer le glaçage, battre ensemble le fromage frais et le beurre au batteur électrique jusqu'à obtention d'une crème onctueuse. Incorporer peu à peu le sucre glace et l'extrait naturel de vanille. Diviser le glaçage en quatre parts égales et en étaler une part sur l'intégralité de chaque gâteau. Inutile de le lisser.
2 Pour préparer le caramel, placer une sauteuse à fond épais sur feu moyen, la saupoudrer peu à peu de sucre et, à mesure qu'il fond, en rajouter jusqu'à ce qu'il soit terminé. Remuer pour dissoudre les éventuels grumeaux et empêcher le sucre de brûler. Lorsque le caramel est brun doré, retirer la sauteuse du feu. Chemiser deux plaques à pâtisserie de papier d'aluminium. Avec une cuiller en bois, déposer des filets de caramel en cercles concentriques sur les plaques chemisées. Laisser figer.
3 Saupoudrer chaque gâteau d'un peu de noix muscade. Juste avant de servir,

garnir chaque gâteau d'un cercle en caramel.

À l'avance : vous pouvez glacer les gâteaux 2 jours à l'avance maximum et les conserver au réfrigérateur ou dans un récipient hermétique placé dans un endroit frais et sec. Les cercles en caramel peuvent être confectionnés un jour à l'avance et conservés entre des feuilles de papier sulfurisé, dans un récipient hermétique. Garnissez les gâteaux de caramel au dernier moment sinon il deviendra mou et collant.

Étaler une part de glaçage sur l'intégralité de chaque gâteau.

Faire fondre le sucre, remuer.

Déposer des filets de caramel en cercles concentriques et laisser figer.

STAR D'UN SOIR

Du chocolat, du caramel et des truffes…voici un gâteau spécial pour quelqu'un de vraiment spécial. Si vous n'avez pas de plat suffisamment grand, utilisez une grande dalle propre ou une planche à découper habillée de papier sulfurisé.

Préparer un gabarit pour tailler le gâteau en triangle.

un gâteau au chocolat riche carré de 30 cm

une plaque à gâteau de 50 x 40 cm
sucre glace pour saupoudrer

Glaçage au chocolat
500 g de chocolat noir
330 g de sucre

Truffes
60 ml de cognac
200 g de chocolat noir, fondu
60 g de raisins secs, finement hachés
140 g de noisettes grillées, hachées
cacao en poudre

Caramel
660 g de sucre glace

1 Fabriquer un gabarit en carton rigide et tailler le gâteau comme indiqué sur la photo1. Poser le gâteau sur un plat ou une plaque et utiliser une partie des triangles prélevés pour construire la partie supérieure du gâteau en forme de triangle. Réserver le reste.

2 Pour confectionner le glaçage, hacher le chocolat et le mettre dans une casserole avec le sucre et 250 ml d'eau. Remuer sur feu doux jusqu'à obtention d'un mélange homogène et onctueux. Porter à ébullition puis réduire légèrement la flamme. Laisser bouillir pendant 6-8 minutes en remuant de temps en temps. Retirer la casserole du feu et laisser refroidir en remuant doucement. Verser ce glaçage sur le gâteau et le lisser à la spatule. Réserver le reste de glaçage dans la casserole.

Une fois le glaçage figé, racler les coulures.

3 Pour confectionner les truffes, émietter le gâteau réservé et verser 900 g de miettes dans une grande jatte. Ajouter le cognac, le chocolat noir et les raisins secs. Bien remuer. Façonner cette préparation en boulettes (compter 2 cuillerées à café rases pour chaque truffe). Enrober la moitié des truffes d'éclats de noisettes et du reste de cacao. Déposer les truffes sur des plaques à pâtisserie chemisées de papier sulfurisé et les réfrigérer.

4 Chemiser 3 plaques à pâtisserie de papier sulfurisé. Poser une sauteuse à fond épais sur feu moyen, saupoudrer peu à peu 250 g de sucre et en rajouter à mesure qu'il fond. Remuer pour dissoudre d'éventuels grumeaux et empêcher le sucre de brûler. Lorsqu'il est brun doré, le retirer du feu. Verser le caramel sur les plaques et le lisser délicatement avec une cuiller en bois. Incliner les plaques pour étaler le caramel en une très fine couche. Laisser refroidir.

5 Briser le caramel en morceaux inégaux et les coller sur les côtés du gâteau en utilisant le reste de glaçage chaud. Placer les truffes autour du gâteau et les fixer en place avec du glaçage. Servir le reste de truffes séparément. Découper des étoiles dans le carton rigide, tenir ce pochoir au-dessus du gâteau et saupoudrer de sucre glace pour décorer.

À l'avance : une fois glacé, le gâteau se conservera pendant 3 jours maximum et les truffes pendant 2 semaines. Il est préférable de confectionner le caramel juste avant de servir.

Verser le glaçage sur le gâteau et étaler en une couche uniforme.

Ajoutez le reste du sucre au fur et à mesure sans cesser de remuer.

Verser du caramel puis incliner la plaque pour former une fine couche.

Placer le pochoir au-dessus du gâteau et saupoudrer de sucre pour décorer.

Gâteau aux baies

Bâtissez votre gâteau, nappez-le de glaçage à la meringue puis garnissez-le d'une généreuse quantité de baies rouges.

deux gâteaux ronds de 20 cm de diamètre (nous avons utilisé des gâteaux à la noix de coco mais vous pouvez également choisir des gâteaux au chocolat classiques ou des gâteaux au beurre)

Glaçage à la meringue
3 blancs d'œuf
165 g de sucre en poudre
250 g de beurre doux

110 g de sucre en poudre
3 cuil. à soupe de Cointreau ou de jus d'orange
750 g de baies assorties (myrtilles, framboises, mûres, cassis, etc.)

1 Pour confectionner le glaçage à la meringue, mettre les blancs d'œuf et le sucre dans une jatte résistante à la chaleur. La poser sur un bain-marie d'eau frémissante sans mettre le fond en contact avec l'eau. Remuer pour dissoudre le sucre mais veiller à ne pas faire cuire les blancs.

2 Lorsque le sucre est dissous, retirer la casserole du feu et battre le mélange au batteur électrique jusqu'à formation de pics. Couper le beurre en 10 morceaux environ et l'ajouter morceau par morceau, en battant après chaque ajout.

3 Mettre le sucre dans une petite casserole avec 185 ml d'eau et remuer sur feu moyen jusqu'à dissolution du sucre. Incorporer le Cointreau.

4 Couper la partie supérieure bombée de chaque gâteau pour obtenir une surface plane. Couper chaque gâteau en deux à l'horizontale et poser un des biscuits sur un plat de service. Le badigeonner de sirop au Cointreau et le napper d'une fine couche de glaçage. Répéter l'opération avec les autres biscuits en finissant par un biscuit.

5 Étaler le reste du glaçage sur le dessus et le pourtour du gâteau en une couche uniforme. Dessiner des sillons sur toute la surface. Empiler les baies sur le gâteau et les saupoudrer de sucre glace.

À l'avance : vous pouvez glacer le gâteau un jour à l'avance maximum. Ajouter les baies seulement au moment de servir.

Note : on peut remplacer le glaçage à la meringue par une ganache au chocolat blanc : mettre 150 g de chocolat blanc de couverture, 130 g de chocolat blanc haché, 125 ml de crème fraîche et 250 g de beurre dans une casserole. Poser celle-ci sur feu doux et remuer jusqu'à obtention d'une crème onctueuse. Transférer la ganache dans une petite jatte, couvrir le dessus de film alimentaire et laisser refroidir toute la nuit. Battre au batteur électrique pendant 3-5 minutes ou jusqu'à obtention d'une crème épaisse et pâle.

Remuer pour faire dissoudre le sucre sans cuire les blancs.

Badigeonner de sirop le deuxième biscuits.

Étendre le glaçage et dessiner des sillons à la spatule.

MOUSSE À L'ORANGE ET À LA PÊCHE

CE GÂTEAU EST PARFAIT POUR CÉLÉBRER UNE FÊTE ESTIVALE. VOUS POUVEZ REMPLACER LES PÊCHES PAR UN AUTRE FRUIT À NOYAU DE SAISON.

un gâteau rond de 20 cm de diamètre (nous avons utilisé un gâteau à la noix de coco mais vous pouvez également choisir un gâteau au beurre)

papier sulfurisé

Mousse
150 g de chocolat blanc, haché
150 g de fromage frais, battu
60 g de sucre en poudre
80 ml de jus d'orange
3 cuil. à café de gélatine
300 ml de crème fraîche, fouettée
2 blancs d'œuf battus en neige ferme

Garniture
125 ml de jus d'orange frais filtré
1 cuil. à soupe de sucre en poudre
3/4 cuil. à café de gélatine
1 grosse pêche coupée en quartiers

1 Couper le gâteau en deux à l'horizontale. Graisser un moule à manqué à fond amovible de 20 cm de diamètre. Découper une bande de papier sulfurisé suffisamment large pour dépasser le haut du moule de 2 cm. La plaquer contre la paroi interne du moule pour faire un collier. Placer un des biscuits dans le moule. Congeler l'autre pour l'utiliser ultérieurement. Resserrer le collier et le fixer en place avec un trombone.

2 Pour confectionner la mousse, mettre le chocolat dans une jatte résistante à la chaleur, puis poser celle-ci sur un bain-marie d'eau frémissante (sans mettre le fond en contact avec l'eau).

Remuer le chocolat jusqu'à ce qu'il soit fondu. Battre le fromage frais et le sucre jusqu'à obtention d'une préparation lisse et crémeuse, puis incorporer le chocolat fondu refroidi. Chauffer le jus d'orange dans une petite casserole et la retirer du feu. Le parsemer de gélatine et remuer jusqu'à ce qu'elle soit dissoute. Laisser refroidir un moment ce mélange avant de l'incorporer à la préparation au fromage frais. Ajouter la crème fouettée puis les blancs d'œuf. Verser la mousse sur le gâteau et taper le moule sur le plan de travail pour égaliser la surface. Réfrigérer la mousse pendant plusieurs heures ou jusqu'à ce qu'elle soit figée.

3 Pour confectionner le glaçage, verser le jus d'orange et le sucre dans une petite casserole. Remuer sur feu doux jusqu'à dissolution du sucre. Parsemer de gélatine et continuer à remuer jusqu'à ce que celle-ci soit dissoute. Retirer du feu et laisser refroidir. Disposer les quartiers de pêche sur la mousse et napper de sirop d'orange. Réfrigérer le gâteau pendant plusieurs heures ou jusqu'à ce que le sirop soit figé. Démouler le gâteau et retirer délicatement le papier sulfurisé.

À l'avance : couverte, cette mousse se conserve pendant 3 jours au réfrigérateur.

Note : si vous ne trouvez pas de pêches fraîches, prenez des pêches au sirop bien égouttées.

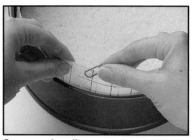

Resserrer le collier en papier pour obtenir un pourtour parfaitement lisse.

Incorporer les blancs au fromage frais.

Disposer les quartiers de pêche puis napper le gâteau de sirop d'orange.

GÂTEAU FLEURI

TRANSFORMEZ UN SIMPLE GÂTEAU EN UNE VÉRITABLE ŒUVRE D'ART GRÂCE À UNE ATTRAYANTE PALETTE DE GLAÇAGES COLORÉS ET UN PEU D'IMAGINATION.

Dessiner les fleurs sur une feuille de papier et la couvrir de papier sulfurisé.

un gâteau ovale de 18 x 25 cm (nous avons utilisé un gâteau au chocolat riche mais vous pouvez également choisir un gâteau au beurre, un gâteau au chocolat classique ou un gâteau à la noix de coco)

Fleurs
1 blanc d'œuf
250 g de sucre glace
3 cuil. à café de jus de citron
colorants alimentaires assortis

Crème au chocolat blanc
80 ml de crème fraîche
150 g de chocolat blanc de couverture
200 g de beurre doux
80 g de sucre glace

1 Pour confectionner les fleurs, battre légèrement le blanc d'œuf avec une cuiller en bois. Ajouter peu à peu le sucre glace tamisé et battre jusqu'à obtention d'une pommade. Ajouter peu à peu deux cuillerées à café de jus de citron. Le mélange doit être onctueux mais pas liquide. Couvrir la surface de film alimentaire.

2 Dessiner 16 fleurs simples sur une feuille de papier et coller celle-ci sur un plan de travail. Coller une feuille de papier sulfurisé par-dessus. Avec une poche à douille ronde de 1 mm de diamètre, dresser le glaçage sur les contours des fleurs. Retirer la feuille de papier sulfurisé et laisser sécher. Répéter l'opération avec une seconde feuille de papier sulfurisé.

3 Ajouter du jus de citron au glaçage pour le fluidifier quelque peu. Répartir le glaçage dans quatre bols et ajouter un colorant différent dans chaque bol (couvrir les bols). Avec des poches à douille en papier, dresser le glaçage à l'intérieur des fleurs. Poser les feuilles de papier sur des plaques à pâtisserie et laisser sécher 12 heures.

4 Pour confectionner la crème au chocolat blanc, mettre la crème fraîche et le chocolat dans une jatte. La poser sur un bain-marie d'eau frémissante retiré du feu sans mettre le fond en contact avec l'eau. Remuer le chocolat au dessus de l'eau bouillante jusqu'à ce qu'il soit fondu puis retirer la jatte et laisser refroidir. Travailler le beurre en pommade. Incorporer peu à peu le sucre jusqu'à obtention d'une mousse épaisse et pâle. Incorporer le mélange au chocolat refroidi.

5 Couper la partie supérieure bombée du gâteau et renverser le sur un plat de service. Étaler dessus deux tiers de la crème au chocolat ; lisser à la spatule. Détacher avec précaution les fleurs du papier sulfurisé avec une spatule. Les disposer sur le pourtour supérieur du gâteau en les faisant dépasser un peu. Disposer le reste en bouquet au milieu du gâteau.

6 Teinter en rose une partie de la crème au chocolat et le reste en vert. Avec une poche à douille en papier, dresser des tiges vertes sous les fleurs. Pour obtenir des feuilles pointues, couper en V l'extrémité de la douille. Dresser un nœud rose au milieu du bouquet de fleurs.

À l'avance : le gâteau, glacé, se conserve 3 jours maximum.

Dessiner les contours des fleurs.

Remplir les fleurs de glaçage coloré.

Les fleurs sont fragiles ; les détacher délicatement avec une spatule.

Dresser des feuilles pointues sur les tiges des fleurs.

SAINT-VALENTIN

LE JOUR DE LA SAINT VALENTIN, FAITES SAVOIR À CEUX QUE VOUS AIMEZ QUE VOUS PENSEZ À EUX AVEC CET ÉBLOUISSANT GÂTEAU. LIBRE À VOUS D'OPTER POUR UN GLAÇAGE OU DES CŒURS ROUGE VIF.

un gâteau rond de 20 cm de diamètre (nous avons utilisé un gâteau au beurre mais vous pouvez choisir un gâteau au chocolat ou à la noix de coco).

Crème au beurre rose
50 g de beurre doux
120 g de sucre glace, tamisé
3 cuil. à café de Cointreau ou de Grand Marnier
quelques gouttes de colorant alimentaire rouge

500 g de glaçage au fondant (tout prêt ou voir recette page 7)
sucre glace

1 Découper un cœur dans un disque en papier de 20 cm de diamètre.

2 Couper la partie supérieure bombée du gâteau pour obtenir une surface plane. Renverser le gâteau et le découper en forme de cœur en s'aidant du gabarit en papier. Le pourtour du gâteau doit être lisse.

3 Pour confectionner la crème au beurre rose, battre le beurre en pommade, ajouter le sucre tamisé et continuer à battre jusqu'à obtention d'une mousse légère. Ajouter la liqueur et le colorant puis continuer à battre.

4 Couper le gâteau en deux à l'horizontale. Tartiner le biscuit inférieur avec un tiers de crème au beurre et le couvrir du second biscuit. Étendre le reste de crème au beurre en fine couche sur le gâteau pour mieux faire adhérer le glaçage. Dresser le gâteau sur un plat de service.

5 Sur un plan de travail saupoudré de sucre glace, pétrir le glaçage jusqu'à ce qu'il soit souple. Ajouter quelques gouttes de colorant alimentaire et continuer à pétrir jusqu'à obtention d'une couleur rose pâle. Prélever un morceau de glaçage gros comme une balle de golf et lui ajouter quelques gouttes de colorant pour le rendre rose foncé. Continuer à procéder ainsi jusqu'à obtention de trois ou quatre tons de rose différents. Réserver. Abaisser le reste de glaçage en un disque suffisamment grand pour couvrir la totalité du gâteau. Déposer le glaçage sur le gâteau, lisser avec la paume de la main pour bien le faire adhérer. Couper l'excédent de glaçage et le réserver.

6 Abaisser les boulettes de glaçage coloré et découper des cœurs en utilisant des découpoirs de différentes formes. Pour avoir des cœurs rouges, les peindre avec du colorant rouge et laisser sécher. Mélanger une cuillerée à soupe de sucre glace avec un peu d'eau pour obtenir un épais sirop. Utiliser celui-ci pour coller les cœurs sur le gâteau.

À l'avance : une fois glacé, ce gâteau se conserve pendant 3 jours maximum dans un récipient hermétique.

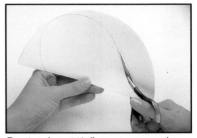

Dessiner la moitié d'un cœur sur un des côtés du disque plié en deux et découper.

Poser le cœur sur le gâteau et coupez.

Lisser le glaçage avec la paume de la main pour bien le faire adhérer.

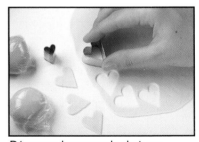

Découper des cœurs de plusieurs dimensions dans le glaçage.

GÂTEAU AUX TUILES ET AUX FRAMBOISES

LES TUILES SONT DE TRADITIONNELS BISCUITS FRANÇAIS. AUSSI FIN QUE DU PAPIER À CIGARETTES, ELLES CONSTITUERONT LE DESSUS DE NOTRE GÂTEAU GLACÉ, TANDIS QUE LES FRAMBOISES FRAÎCHES Y APPORTERONT UNE TOUCHE DE COULEUR.

un gâteau carré de 20 cm (nous avons utilisé un gâteau au beurre mais vous pouvez également choisir un gâteau à la carotte ou à la noix de coco)

Tuiles

1 couvercle en plastique pour servir de gabarit
1 blanc d'œuf
30 g de sucre glace
2 cuillerées à soupe de farine
30 g de beurre doux, fondu
1/2 cuil. à café d'extrait naturel de vanille
250 g de framboises

Glaçage au fromage frais

250 g de fromage frais
50 g de beurre
1 cuil. à café d'extrait naturel de vanille
60 g de sucre glace, tamisé

1 Préchauffer le four à 180 °C (th. 4). Pour confectionner les tuiles, chemiser 2 plaques à pâtisserie de papier sulfurisé. Utiliser un couvercle en plastique comme gabarit. Couper 2 triangles en partant du milieu : chaque triangle doit mesurer 10 x 10 x 4 cm. Monter le blanc d'œuf en neige. Ajouter peu à peu le sucre glace ; bien battre après chaque ajout. Incorporer la farine, puis ajouter le beurre et la vanille. Remuer jusqu'à obtention d'une préparation homogène.
2 Poser le gabarit sur la plaque chemisée et répartir un peu de préparation dans les triangles en lissant le dessus à la spatule. Retirer le gabarit et enfourner les tuiles 3-4 minutes ou jusqu'à ce qu'elles soient

légèrement dorées (ne pas en cuire plus que deux à la fois car elles durcissent rapidement, prévoir aussi le temps de les retirer du papier et de les façonner). Les laisser reposer sur la plaque 10-15 secondes puis, en travaillant rapidement, les détacher délicatement et les poser sur un rouleau à pâtisserie ou un bocal, laisser refroidir. À mesure qu'elles sont cuites, les poser sur des objets incurvés de différentes tailles pour obtenir des formes variées.
3 Pour confectionner le glaçage, battre le fromage frais et le beurre jusqu'à obtention d'une crème pâle. Ajouter l'extrait de vanille puis incorporer peu à peu le sucre glace.
4 Dresser le gâteau sur un plat de service. Étaler le glaçage en dessinant des tourbillons et des pics à la spatule. Disposer les tuiles et les framboises sur le dessus.

À l'avance : vous pouvez glacer le gâteau un jour à l'avance et de le conserver au réfrigérateur – servir à température ambiante. Confectionner les tuiles le jour même et de les poser sur le gâteau juste avant de servir.

Note : on peut remplacer le glaçage au fromage frais par une ganache au chocolat blanc : mettre 150 g de chocolat blanc de couverture, 130 g de chocolat blanc haché, 125 ml de crème fraîche et 250 g de beurre dans une casserole. Poser sur feu doux et remuer jusqu'à obtention d'une crème onctueuse. Mettre dans une jatte, couvrir de film alimentaire, laisser refroidir toute la nuit. Battre jusqu'à obtention d'une crème épaisse et pâle.

Utiliser un couvercle en plastique pour fabriquer un gabarit triangulaire.

Étaler la préparation pour tuiles.

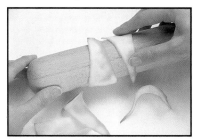

Déposer les tuiles sur des objets incurvés pour les faire refroidir.

GÂTEAU MARBRÉ GLACÉ

LE SECRET D'UN ASPECT MARBRÉ RÉUSSI CONSISTE À NE PAS TROP MÉLANGER LES DEUX GLAÇAGES. DÉPOSEZ-LES À LA CUILLER SUR LE GÂTEAU ET ÉTALEZ-LES EN DÉCRIVANT DES SINUOSITÉS AVEC UNE BROCHETTE.

deux gâteaux ronds de 20 cm de diamètre (nous avons utilisé un gâteau au chocolat classique mais vous pouvez également choisir un gâteau au chocolat riche)

Crème au chocolat blanc
4 cuillerées à soupe de crème fraîche
150 g de chocolat de couverture blanc
200 g de beurre doux
80 g de sucre glace

80 g de chocolat au lait
125 ml de crème fraîche
80 g de chocolat noir
80 g de chocolat blanc
200 g d'amandes effilées, grillées

1 Pour confectionner la crème au chocolat blanc, mettre la crème fraîche et le chocolat dans une petite jatte résistante à la chaleur. La poser sur un bain-marie d'eau frémissante retiré du feu (sans mettre le fond en contact avec l'eau). Remuer le chocolat au dessus de l'eau bouillante jusqu'à ce qu'il soit fondu puis retirer la jatte du bain-marie et laisser refroidir. Hacher le beurre et le travailler en pommade. Lui incorporer peu à peu le sucre jusqu'à obtention d'une mousse épaisse et pâle.

2 Avec un couteau-scie, couper chaque gâteau à l'horizontale en 3 biscuits égaux (prélever la partie supérieure bombée si nécessaire). Placer un des biscuits sur une grille à pâtisserie installée sur une plaque de four et le tartiner d'un sixième de crème au chocolat blanc. Couvrir d'un autre biscuit, le tartiner de crème au chocolat. Poursuivre ainsi avec le reste de crème et les autres biscuits. Terminer par un biscuit, côté coupé dessous pour obtenir un dessus plat (réserver la dernière part de crème au chocolat). Réfrigérer le gâteau pendant 30 minutes pour le consolider et raffermir le fourrage.

3 Mettre le chocolat au lait dans une petite jatte résistante à la chaleur avec deux cuillerées à soupe de crème fraîche. Poser la jatte sur un bain-marie d'eau frémissante retiré du feu (sans mettre le fond en contact avec l'eau). Remuer le chocolat et la crème jusqu'à obtention d'un mélange homogène. Sinon, faire fondre le chocolat dans un four à micro-ondes sur la position maximum pendant 1 minute en remuant au bout de 30 secondes. Procéder à l'identique avec le chocolat noir et le chocolat blanc. Les mélanger chacun avec 2 cuillerées à soupe de crème afin d'obtenir trois préparations chocolatées.

4 Déposer des cuillerées de chaque préparation sur le dessus du gâteau puis les étaler en les mélangeant avec une brochette pour obtenir un aspect marbré. Taper délicatement la plaque sur le plan de travail pour égaliser le glaçage en surface. Laisser figer puis retirer les coulures sur le pourtour. Étaler le reste de crème au chocolat sur le pourtour du gâteau. Écraser grossièrement les amandes et en tapisser le pourtour. Transférer le gâteau sur un plat de service.

À l'avance : une fois décoré, ce gâteau se conserve pendant 3 jours maximum au réfrigérateur. Le servir à température ambiante.

Superposer les biscuits et la crème au chocolat.

Déposer un peu des différents chocolats.

Mélanger délicatement les trois chocolats pour créer un aspect marbré.

Gâteau rayé aux mangues

Le collier rayé donne à ce gâteau une note d'excentricité et la mangue, le goût irrésistible de l'été. Si les mangues ne sont pas de saison, optez pour des pêches ou des fraises fraîches.

deux génoises classiques rondes de 22 cm de diamètre

Collier en génoise
3 œufs, blancs et jaunes séparés
135 g de sucre en poudre
60 g de farine levante
3 cuil. à soupe de maïzena
30 g de beurre, fondu
1 cuil. à soupe 1/2 de cacao en poudre

Crème chantilly
600 ml de crème fraîche
2 cuil. à café d'extrait naturel de vanille
30 g de sucre glace

2 mangues

1 Préchauffer le four à 180 °C (th. 6). Confectionner le collier en génoise en trois morceaux (il faudrait une plaque à pâtisserie très longue pour le confectionner en un seul morceau). Tracer trois jeux de traits parallèles longs de 28 cm à 7 cm d'intervalle sur un morceau de papier sulfurisé et poser celui-ci à l'envers sur une plaque à pâtisserie. Battre les blancs d'œuf en neige ferme. Ajouter peu à peu le sucre, en battant bien après chaque ajout jusqu'à dissolution du sucre. Incorporer les jaunes. Avec une cuiller en métal, incorporer les farines tamisées et le beurre jusqu'à obtention d'une préparation homogène. La partager en deux et incorporer le cacao à l'une des moitiés.

2 Transférer la préparation à génoise non chocolatée dans une poche munie d'une douille de 1 cm de diamètre. Sur le papier sulfurisé, en déposer des traits à 1 cm d'intervalle entre les traits horizontaux. Transférer la préparation à génoise chocolatée dans une autre poche à douille et en déposer des traits dans les intervalles entre les traits blancs. Enfourner pendant 5-8 minutes ou jusqu'à ce que le dessus soit légèrement doré. Laisser refroidir la génoise rayée sur les plaques. On doit avoir 3 bandes de génoise rayée.

3 Pour préparer la crème chantilly, battre la crème, l'extrait de vanille et le sucre glace jusqu'à formation de pics.

4 Avec un grand couteau-scie, couper chaque génoise en deux à l'horizontale. Superposer 3 biscuits en utilisant une grande partie de la crème chantilly (en réserver un peu pour le dessus et le pourtour du gâteau). Placer le gâteau sur un plat de service (on n'utilise pas le dernier biscuit mais il est possible de le congeler). Tailler un côté de chaque bande pour que la largeur soit égale à la hauteur du gâteau. Recouvrir le pourtour du gâteau d'une fine couche de crème chantilly et étaler le reste sur le dessus. Disposer délicatement les trois bandes constituant le collier autour du gâteau, côté plat contre le gâteau et côté coupé en bas.

5 Peler les mangues et les émincer. Les disposer en éventail sur le dessus du gâteau avant de servir.

À l'avance : il est préférable de consommer ce gâteau le jour même.

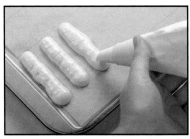
Dresser la préparation à génoise non chocolatée sur le papier.

Dressez la génoise chocolatée.

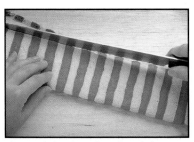
Coupez la bordure du collier de la même hauteur que le gâteau.

Gâteau en feuilles d'or

Quelle décadence ! Pour une occasion vraiment spéciale, la feuille d'or produit un effet époustouflant. Vous impressionnerez vos invités qui se souviendront longtemps de ce surprenant dessert.

un gâteau rond de 20 cm de diamètre (nous avons utilisé du gâteau au chocolat riche mais vous pouvez également choisir un gâteau au chocolat riche)

Glaçage au chocolat noir
250 g de chocolat noir, grossièrement haché
125 g de beurre doux, haché
2 cuil. à café de sirop de maïs

feuille d'or comestible de
    24 carats

1 Couper la partie supérieure bombée du gâteau avec un couteau-scie pour obtenir une surface plane. Renverser le gâteau sur une grille à pâtisserie. Poser la grille sur une plaque à pâtisserie afin de récupérer les gouttes de glaçage.
2 Pour confectionner le glaçage au chocolat noir, mettre le chocolat, le beurre et le sirop de maïs dans une petite casserole. Remuer sur feu doux jusqu'à obtention d'un mélange homogène. Sinon, préparer le glaçage dans une jatte résistante à la chaleur au four à micro-ondes : faire fondre les ingrédients sur la position maximum pendant 1-2 minutes en remuant au bout de 30 secondes.
3 Verser le glaçage sur le gâteau et l'étaler à la spatule pour le couvrir entièrement. Laisser reposer le gâteau dans un endroit frais jusqu'à ce que le glaçage soit figé puis le transférer avec précaution sur un plat de service. Détacher la feuille d'or de son support avec une pince et la déposer à divers endroits du gâteau. Si elle n'adhère pas,

déposer un peu de blanc d'œuf sur le glaçage puis poser la feuille d'or dessus.

À l'avance : vous pouvez décorer le gâteau 3 jours à l'avance maximum et le conserver au réfrigérateur dans un récipient hermétique. Servez-le à température ambiante.

Note : la feuille d'or comestible se vend dans les magasins de fournitures pour beaux-arts, dans les magasins spécialisés dans les arts de la table ou dans les magasins de fournitures pour pâtisserie. Pour cette recette une ou deux feuilles seront nécessaires. Si les feuilles sont conditionnées en paquets, les feuilles non utilisées se conservent indéfiniment.

Prélever la partie supérieure bombée du gâteau puis renverser le gâteau.

Verser le glaçage au chocolat.

Coller les feuilles d'or sur le gâteau.

GÂTEAU DE NOËL

UTILISEZ NOTRE RECETTE DE GÂTEAU AUX FRUITS ET VOUS POURREZ LE CUIRE ET LE DÉCORER DEUX MOIS MAXIMUM AVANT NOËL. RASSUREZ-VOUS, IL SERA MÊME MEILLEUR QUE LE JOUR OÙ IL EST SORTI DU FOUR.

un gâteau rond de 22 cm de diamètre

2 cuil. à soupe de confiture d'abricots
400 g de glaçage aux amandes (tout prêt ou voir page 6)
500 g de sucre glace
3 blancs d'œuf, légèrement battus
plaque à gâteau ronde de 25 cm de diamètre
200 g de glaçage au fondant tout prêt (ou voir recette page 7)
colorant alimentaire vert ou rouge
ruban

1 Couper la partie supérieure bombée du gâteau pour obtenir une surface plane. Renverser le gâteau. Faire fondre la confiture dans une petite casserole, la passer au chinois et l'étendre sur toute la surface du gâteau pour faire adhérer le glaçage. Pétrir le glaçage aux amandes sur un plan de travail saupoudré de sucre glace jusqu'à ce qu'il soit souple. L'abaisser en un disque assez grand pour recouvrir le gâteau. Déposer le glaçage délicatement sur le gâteau en le lissant de la paume de la main saupoudrée de sucre glace. Le couper à la base pour obtenir une bordure nette. Laisser sécher pendant 12 heures dans un endroit frais et sec.

2 Tamiser le sucre glace dans une grande jatte. Creuser un puits au centre et ajouter les blancs d'œuf. Les remuer en cercles concentriques pour les incorporer au sucre. La préparation obtenue doit être assez ferme. La battre avec un mixeur électrique jusqu'à obtention d'une mousse onctueuse.

3 Coller le gâteau sur la plaque avec un peu de glaçage. Déposer environ un tiers du glaçage sur le gâteau et l'étaler à la spatule en le lissant bien. Glacer le pourtour du gâteau également à la spatule. Placer le gâteau sur un moule à gâteau renversé pour le surélever un peu et le glacer plus aisément en le faisant tourner. Laisser sécher. Conserver un peu de glaçage dans du film alimentaire.

4 Abaisser le glaçage au fondant sur un plan de travail saupoudré de sucre glace et découper des feuilles avec un découpoir. Les laisser sécher, à plat ou sur un rouleau à pâtisserie pour légèrement les incurver. Les teinter en différents tons de vert. Façonner quelques baies de houx et les peindre en rouge une fois sèches. Décorer le gâteau d'une couronne de feuilles ; coller chaque feuille avec une pointe de glaçage et ajouter quelques baies. Pour servir, nouer un ruban autour du gâteau et saupoudrer d'une fine couche de sucre glace.

À l'avance : le gâteau décoré se conserve pendant 2 mois dans un récipient hermétique placé dans un endroit frais.

Déposer le glaçage aux amandes sur le gâteau.

Étaler le glaçage à l'aide de la spatule.

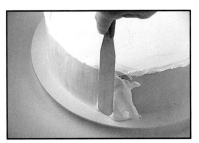
Installer le gâteau sur une table pivotante ou sur un moule renversé.

Découper quelques feuilles à l'aide d'un découpoir.

GÂTEAU AUX FIGUES ET AU CHOCOLAT BLANC

CE GÂTEAU D'UN EXTRÊME RAFFINEMENT SE DÉGUSTERA DE PRÉFÉRENCE AU TERME D'UN REPAS PRIVILÉGIANT DES PLATS GOÛTEUX ET STYLÉS.

un gâteau rond de 20 cm de diamètre (nous avons utilisé un gâteau au beurre mais vous pouvez également choisir un gâteau au chocolat classique ou riche ou un gâteau à la noix de coco)

Crème au beurre
250 g de beurre doux
125 g de sucre glace, tamisé
1 cuil. à café d'extrait naturel de vanille
2 cuil. à café de lait

kirsch ou autre liqueur de fruit
4 cuil. à soupe de gelée de framboises
300 g de chocolat blanc de couverture
5 figues fraîches, coupées en quatre

1 Pour préparer la crème au beurre, battre le beurre au batteur électrique jusqu'à obtention d'une crème pâle. Ajouter peu à peu le sucre glace en alternance avec l'extrait de vanille et le lait. Battre jusqu'à obtention d'une mousse.

2 Avec un couteau-scie, couper le gâteau à l'horizontale en 3 biscuits égaux. Placer le biscuit inférieur sur un plat. Le badigeonner d'un peu de liqueur et l'enduire de la moitié de la gelée. Étendre une fine couche de crème au beurre par-dessus. Couvrir d'un autre biscuit, le badigeonner de liqueur, l'enduire de gelée, puis étendre une fine couche de crème. Poser le dernier biscuit et le garnir d'une couche de crème au beurre.

3 Mettre le chocolat blanc dans une jatte résistante à la chaleur et poser celle-ci sur un bain-marie d'eau frémissante retiré du feu. Remuer le chocolat jusqu'à ce qu'il soit fondu (on peut également faire fondre le chocolat dans un four à micro-ondes sur la position maximum pendant 1 minute, en remuant au bout de 30 secondes).

4 Étaler le chocolat fondu en bandes de 5 x 11 cm sur une feuille de papier sulfurisé. Les laisser figer complètement avant de les détacher du papier. Compter environ 20 bandes mais en faire un peu plus au cas où certaines se brisent. Couper une des extrémités des bandes pour obtenir une base plane puis les dresser à la verticale autour du gâteau en les faisant légèrement se chevaucher. Disposer les quartiers de figues fraîches en couronne sur le dessus du gâteau.

À l'avance : ce gâteau peut se décorer deux jours à l'avance maximum mais ajouter les figues juste avant de servir. Le conserver dans un récipient hermétique placé dans un endroit frais et sombre, ou au réfrigérateur s'il fait chaud.

Enduire chaque biscuit de gelée et de crème au beurre.

Étaler le chocolat blanc fondu en bandes.

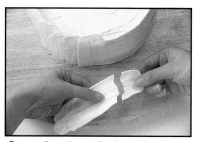

Couper l'extrémité de chaque bande pour obtenir une base plane.

PETITS CADEAUX

AJOUTEZ QUELQUES RUBANS POUR TRANSFORMER CES GÂTEAUX EN CADEAUX D'ANNIVERSAIRE, OU DES FLEURS BLANCHES POUR DES CADEAUX DE MARIAGE.

un gâteau carré de 23 cm de diamètre (nous avons utilisé un gâteau au chocolat riche mais vous pouvez également choisir un gâteau aux fruits)

2 cuil. à soupe de confiture d'abricots
500 g de glaçage aux amandes (utiliser du glaçage tout prêt ou voir page 6)
sucre glace
1 blanc d'œuf
500 g de glaçage au fondant (utiliser du glaçage tout prêt ou voir recette page 7)
ruban et fleurs fraîches

1 Égaliser le pourtour du gâteau et couper celui-ci en quatre pour obtenir quatre petits gâteaux carrés. Les renverser. Chauffer la confiture pour la rendre fluide. La passer au chinois et l'étendre sur toute la surface des gâteaux pour faire adhérer le glaçage aux amandes. Pétrir le glaçage aux amandes sur un plan de travail saupoudré de sucre glace jusqu'à ce qu'il soit souple. Le diviser en quatre. En abaisser une portion en un disque assez grand pour recouvrir intégralement un des gâteaux. Déposer le glaçage sur le gâteau et le lisser avec les paumes de main saupoudrées de sucre glace. Couper l'excédent. Répéter l'opération avec le reste de glaçage pour les autres gâteaux.
2 Badigeonner le glaçage aux amandes de blanc d'œuf pour faire adhérer le glaçage au fondant. Partager le glaçage au fondant en quatre portions. Les pétrir jusqu'à ce qu'elles soient souples. Les abaisser en disques assez grands pour recouvrir les gâteaux. Déposer le glaçage sur les gâteaux, lisser et couper l'excédent comme précédemment. Laisser sécher le glaçage pendant au moins 24 heures avant de décorer.
3 Décorer deux des gâteaux avec des rubans noués et les deux autres avec des fleurs. Mélanger un peu de blanc d'œuf avec du sucre glace tamisé pour obtenir une pâte qui servira à coller le ruban ou les fleurs sur le glaçage. Pour les gâteaux décorés d'un ruban, couper deux morceaux de ruban assez longs pour être noués autour du gâteau et collés avec un peu de pâte. Fixer le ruban en place avec des épingles pendant que la pâte sèche, puis coller le nœud dès que la pâte est sèche.

À l'avance : ces gâteaux peuvent être glacés et décorés avec un ruban 2 semaines à l'avance maximum. Ils se conservent dans un récipient hermétique placé dans un endroit frais et sec. Les décorer de fleurs fraîches juste avant de servir.

Égaliser le pourtour du gâteau et coupez celui-ci en quatre.

Coupez l'excédent de glaçage.

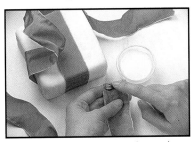

Coller les rubans avec un mélange de blanc d'œuf et de sucre glace.

Décorez deux gâteaux des rubans et deux autres de fleurs fraîches.

FLEURS DE MARIAGE

NOUS VOUS AVONS DÉJÀ PROPOSÉ DEUX GÂTEAUX DE MARIAGE – CONTINENTAL ET TRADITIONNEL. CELUI-CI, RÉSOLUMENT MODERNE, CONVIENT À UN MARIAGE QUI PRIVILÉGIE LA SIMPLICITÉ.

un gâteau au chocolat riche rond de 22 cm et un autre de 18 cm

1 portion de pastillage (utiliser du pastillage tout prêt ou voir page 7)
colorant alimentaire caramel
maïzena
découpoirs en forme de pétale
fil métallique décoratif

Glaçage à la meringue
3 blancs d'œuf
165 g de sucre en poudre
250 g de beurre doux

1 Pour confectionner les fleurs, partager le pastillage en deux et en teinter une moitié en beige pâle. Le pétrir grossièrement en laissant des traînées de couleur. Utiliser quelques petits morceaux à la fois et conserver le reste dans du film alimentaire. Saupoudrer le plan de travail de maïzena. Abaisser le pastillage en disques de 2 mm d'épaisseur. Découper un ou 2 pétales avec un découpoir. Lisser les bords du bout des doigts pour les affiner. Plier un morceau de fil métallique à l'une de ses extrémités pour façonner un petit crochet fermé. Déposer un peu de blanc d'œuf sur l'extrémité d'un pétale et replier le pétale autour du crochet.

2 Répéter l'opération avec le second pétale en chevauchant légèrement le premier. Continuer en confectionnant des pétales de plus en plus grands. Enrouler six ou sept pétales autour du fil métallique. En torsader légèrement un sur deux pour les rendre plus réalistes. Placer les fleurs dans les trous

remborrés d'une boîte à œufs en repliant le fil pour qu'elles soient bien à plat.

3 Quand la première fleur a séché, lui ajouter des pétales pour l'agrandir. Le pastillage sèche vite ; il faut donc travailler rapidement avec de petits morceaux. On peut onduler leur bordure avec le bout des doigts ou un outil spécial.

4 Pour confectionner le glaçage à la meringue, mettre les blancs d'œuf et le sucre dans une jatte résistante à la chaleur. La poser sur un bain-marie d'eau frémissante (sans mettre le fond en contact avec l'eau). Remuer pour dissoudre le sucre mais veiller à ne pas faire cuire les blancs.

5 Lorsque le sucre est dissous, retirer la casserole du feu et battre le mélange au batteur électrique jusqu'à formation de pics. Couper le beurre en 10 morceaux environ et l'ajouter morceau par morceau, en battant après chaque ajout.

6 Couper la partie supérieure bombée des gâteaux pour égaliser la surface. Poser le grand gâteau sur un plat. Placer le petit gâteau par-dessus et étaler un peu de glaçage entre les deux. Étendre le reste du glaçage sur toute la surface du gâteau sans le lisser. Couper le fil métallique des fleurs en laissant une queue de 2 cm. La replier sous les fleurs et disposer celles-ci sur le gâteau. Retirer les fleurs avant de découper le gâteau pour le servir.

À l'avance : il est possible de glacer le gâteau deux jours à l'avance maximum et de le conserver au réfrigérateur. On peut confectionner les fleurs deux semaines à l'avance et les conserver dans un récipient hermétique placé dans un endroit frais et sec. Disposer les fleurs sur le gâteau le jour même.

Ne pas pétrir le pastillage jusqu'à absorption complète du colorant.

Enrouler les pétales au fil métallique.

Confectionner de plus grands pétales.

Onduler la bordure des pétales du bout des doigts ou avec un outil spécial.

Placer les fleurs dans les trous rembourrés d'une boîte à œufs.

GÂTEAU FOURRÉ À LA GLACE CAPPUCCINO

SURPRENEZ VOS INVITÉS AVEC CETTE VERSION INSOLITE DU CAPPUCCINO. LA PETITE CUILLER EN CHOCOLAT APPORTE UNE ULTIME NOTE DE RAFFINEMENT À CE DÉLICIEUX DESSERT.

une préparation pour un gâteau au chocolat classique (voir recette page 11)

1 cuil. à soupe de café instantané en poudre
2 cuillerées à soupe d'eau bouillante
1 litre de glace à la vanille
250 ml de crème fraîche épaisse
1 cuil. à soupe de sucre glace
125 g de chocolat noir de couverture, fondu
cacao en poudre

1 Préchauffer le four à 180 °C (th. 4). Graisser 10 moules à muffins de 250 ml avec de l'huile ou du beurre fondu. Répartir la préparation dans les moules. Les enfourner pendant 25 minutes ou jusqu'à ce qu'une brochette insérée en son centre ressorte propre. Laisser refroidir les gâteaux pendant 5 minutes dans les moules avant de les démouler sur une grille à pâtisserie pour qu'ils refroidissent complètement.
2 Mélanger le café et l'eau dans un bol et remuer jusqu'à dissolution complète. Hacher grossièrement la glace dans une grande jatte et la remuer jusqu'à obtention d'une crème épaisse et onctueuse. Ajouter le café et remuer. Remettre la glace au freezer jusqu'au moment voulu. Battre la crème fraîche et le sucre glace avec un batteur électrique jusqu'à formation de pics. Réfrigérer jusqu'au moment voulu.
3 Tracer les contours de 10 petites cuillers sur du papier sulfurisé puis retourner celui-ci. Transférer le chocolat fondu à la cuiller dans une poche à douille en papier, couper l'extrémité. Dresser le chocolat sur les contours des cuillers puis remplir l'intérieur.
4 Couper le dessus de chaque gâteau en laissant une bordure de 1 cm. Réserver les dessus. Évider les gâteaux à la cuiller en laissant 1 cm de paroi interne (on peut congeler les restes de gâteau pour un usage ultérieur).
5 Remuer la glace au café à la cuiller pour la ramollir et la transférer dans les gâteaux en la faisant légèrement déborder. Remettre les dessus en place en les pressant délicatement. Dresser des rosettes de crème fouettée sur les gâteaux afin de donner l'impression d'un café mousseux. Saupoudrer de cacao et servir avec une cuiller en chocolat piquée dans la crème.

À l'avance : on peut préparer la crème une semaine à l'avance mais laissez-la ramollir un peu avant usage. Vous pouvez congeler les gâteaux terminés mais le gâteau au chocolat ne sera pas aussi beau que s'il était frais. On peut confectionner les cuillers en chocolat deux semaines à l'avance et les conserver dans un récipient hermétique.

Dissoudre le café dans l'eau chaude et mélanger à la glace.

Dresser le chocolat sur les contours des cuillers puis à l'intérieur.

Couper le dessus des gâteaux à 1 cm du bords environs.

Évider les gâteaux en laissant une paroi interne de 1 cm d'épaisseur.

Fourrer les gâteaux de glace au café en la laissant légèrement déborder.

GÂTEAU MERINGUÉ À LA CRÈME AU CITRON

ICI, NOUS AVONS ASSOCIÉ DEUX DESSERTS ANCIENNE MODE – LA CRÈME AU CITRON ET LA MERINGUE – POUR CRÉER CE GÂTEAU SPECTACULAIRE D'UNE ÉTONNANTE MODERNITÉ.

deux génoises rondes de 22 cm de diamètre

4 blancs d'œuf
220 g de sucre en poudre
colorant alimentaire rose
40 g d'amandes effilées
250 ml de crème fraîche épaisse
sucre glace, pour saupoudrer

Sirop de citron
110 g de sucre en poudre
3 cuil. à soupe de jus de citron

Crème au citron
5 jaunes d'œuf
150 g de sucre en poudre
1 cuil. à soupe de zeste de citron râpé
170 ml de jus de citron
180 g de beurre doux, haché

1 Préchauffer le four à 120 °C (th. 1/2). Couvrir 4 plaques de four de papier sulfurisé. Tracer un cercle de 21 cm de diamètre sur 3 plaques. Monter les blancs en neige. Ajouter peu à peu le sucre en battant bien après chaque ajout jusqu'à ce que les blancs deviennent brillants. Teinter la meringue en rose pâle avec un peu de colorant. Transférer un quart de la meringue dans une poche à douille ronde de 1 cm. Dresser des bandelettes de meringue sur toute la longueur de la plaque non marquée et les parsemer d'amandes. Étaler le reste de la meringue sur la surface des cercles. Cuire la meringue en deux fois ; l'enfourner 1 heure. Après la cuisson, éteindre le four et la faire refroidir à l'intérieur du four en laissant la porte

entrouverte. Casser chaque bandelette en 3 morceaux et les conserver dans un récipient hermétique deux jours maximum.

2 Pour le sirop de citron, verser le sucre et le jus de citron dans une petite casserole avec 3 cuillerées à soupe d'eau et remuer sur feu moyen jusqu'à dissolution du sucre. Laisser refroidir.

3 Pour confectionner la crème au citron, battre les jaunes d'œuf et le sucre dans un pichet et passer le mélange dans une jatte. Ajouter le zeste et le jus de citron ainsi que le beurre et poser la jatte sur un bain-marie d'eau à peine frémissante sans mettre le fond en contact avec l'eau. Remuer 20 minutes ou jusqu'à ce que le mélange soit assez épais pour couvrir le dos d'une cuiller. Laisser refroidir puis couvrir le dessus avec du film alimentaire. Laisser refroidir complètement.

4 Couper les gâteaux en deux à l'horizontale. Poser un biscuit sur un plat, badigeonner de sirop, le recouvrir d'une couche de crème au citron et le garnir d'un disque de meringue. Tailler la bordure si besoin. Répéter l'opération pour les autres couches et finir par un biscuit badigeonné de sirop. Réfrigérer le gâteau pendant plusieurs heures pour ramollir la meringue.

5 Fouetter la crème fraîche et l'étendre sur le gâteau. Empiler les bâtonnets de meringue, parsemer d'amandes et saupoudrer généreusement de sucre glace.

À l'avance : dans l'idéal, il est préférable de confectionner ce gâteau un jour à l'avance pour que la meringue ramollisse. Le gâteau décoré ne se conserve pas plus de deux jours.

Dresser des bandelettes de meringue rose sur toute la longueur de la plaque.

Étaler le reste de meringue à l'intérieur des cercles tracés sur le papier sulfurisé.

Remuez la crème au citron jusqu'à ce qu'elle couvre le dos d'une cuiller.

Tartinez le biscuit de crème au citron puis le couvrir d'un disque de meringue.

FRAISES, GÉNOISE À LA CRÈME ET CARAMEL FILÉ

UN GRAND CLASSIQUE, REMIS AU GOÛT DU JOUR GRÂCE À QUELQUES GOUTTES DE LIQUEUR ET UNE GARNITURE EN CARAMEL FILÉ.

deux génoises classiques rondes de 22 cm de diamètre

750 ml de crème fraîche
2 cuil. à soupe de sucre glace
500 g de fraises
kirsch ou Cointreau
250 g de sucre en poudre

1 Avec un couteau-scie, couper chaque génoise en deux à l'horizontale (on utilise seulement trois biscuits, le dernier peut être congelé en vue d'un usage ultérieur). Fouetter la crème et le sucre glace. Équeuter la moitié des fraises et les émincer.

2 Poser un des biscuits sur un plat et le badigeonner d'un peu de liqueur. L'enduire d'un quart de la crème et parsemer de la moitié des fraises émincées. Répéter l'opération avec le second biscuit, la liqueur, la crème et les fraises et réfrigérer le gâteau jusqu'à ce que le caramel soit prêt.

3 Poser une sauteuse à fond épais sur feu moyen, parsemer peu à peu de sucre et, à mesure qu'il fond, en rajouter jusqu'à ce qu'il soit terminé. Remuer pour désagréger les éventuels grumeaux et empêcher le sucre de brûler. Lorsque le caramel est brun doré, retirer la sauteuse du feu.

4 Étaler le reste de crème sur le gâteau. Le garnir de fraises. Tremper deux fourchettes dans le caramel puis frotter le dos des fourchettes ensemble jusqu'à ce que le caramel commence à adhérer. Séparer délicatement les fourchettes pour vérifier si le caramel est assez refroidi pour être filé. S'il goutte, il est

nécessaire de le laisser refroidir un peu plus longtemps. Sinon, continuer à filer le caramel sur le gâteau. Servir immédiatement après avoir filé le caramel.

À l'avance : le gâteau se conserve au réfrigérateur. Sortez-le au moins deux heures avant de le servir. Une fois que vous avez filé le caramel, servez le gâteau immédiatement sans quoi le caramel risque de ramollir.

Quand le caramel a pris une couleur brun doré, y tremper 2 fourchettes.

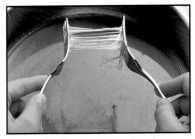

Former des filets à l'aide des fourchettes.

Filer le caramel autour du gâteau.

GÂTEAU À LA NOIX DE COCO

RÉALISEZ CE GÂTEAU ORIGINAL AVEC DE LA NOIX DE COCO FRAÎCHE. FAITES-LA GRILLER AU PRÉALABLE POUR OBTENIR CETTE SAVEUR INCOMPARABLE QUI EXALTERA VOTRE GOURMANDISE.

Utiliser une brochette métallique pour percer les « yeux » de la noix de coco.

deux gâteaux carrés (nous avons utilisé un gâteau à la noix de coco mais vous pouvez également choisir un gâteau au beurre)

1 noix de coco fraîche entière

Glaçage à la meringue
3 blancs d'œuf
165 g de sucre en poudre
250 g de beurre doux

Crème anglaise
40 g de préparation pour crème anglaise
90 g de sucre en poudre
185 ml de crème fraîche
315 ml de lait
1 cuil. à café d'extrait naturel de vanille

1 Préchauffer le four à 150 °C (th. 2). Percer 2 trous à l'une des extrémités de la noix de coco – utiliser une brochette en métal. Vider le liquide puis casser la noix de coco avec un marteau. Retirer la chair en gros morceaux avec un couteau. Laisser la peau brune sur la chair. Détailler la chair en longues lamelles avec un économe. Disposer les sur deux plaques à pâtisserie et les enfourner 30-40 minutes ou jusqu'à ce qu'elles soient sèches et légèrement grillées, retourner pendant la cuisson. Retirer les lamelles trop grillées.

2 Pour confectionner le glaçage à la meringue, mettre les blancs d'œuf et le sucre dans une jatte. La poser sur un bain-marie d'eau frémissante sans mettre le fond en contact avec l'eau.

Remuer pour dissoudre le sucre mais veiller à ne pas faire cuire les blancs.

3 Lorsque le sucre est dissous, retirer la casserole du feu et battre le mélange au batteur électrique jusqu'à formation de pics. Couper le beurre en 10 morceaux environ et l'ajouter morceau par morceau, en battant après chaque ajout.

4 Pour confectionner la crème anglaise, verser la préparation et le sucre dans une grande casserole. Incorporer la crème, le lait et l'extrait naturel de vanille. Fouetter sur feu doux jusqu'à ce que le mélange bouillonne à peine et épaississe. Retirer du feu et poser du film alimentaire sur la surface pour empêcher la formation d'une peau. Laisser refroidir.

5 Couper chaque gâteau en deux à l'horizontale. Poser l'un des biscuits sur un plat de service. Battre la crème jusqu'à ce qu'elle soit onctueuse et en étendre un tiers sur le biscuit. Couvrir d'un second biscuit. Poursuivre la superposition de la crème et des biscuits. Terminer par un biscuit. Réfrigérer le gâteau pendant une heure.

6 Étaler le glaçage à la meringue sur le gâteau. Disposer les lamelles de noix de coco grillée sur tout le gâteau, les presser légèrement dans le glaçage.

À l'avance : on peut fourrer le gâteau de crème deux jours à l'avance et le conserver au réfrigérateur. La noix de coco grillée se conserve pendant une journée dans un récipient hermétique. Servez-le gâteau dans les heures qui suivent sa décoration car la noix de coco ramollit très vite.

Détacher la chair avec un couteau.

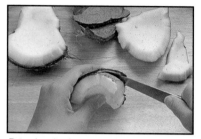

Détailler la noix de coco en lamelles avec un économe.

Posez du film alimentaire sur la crème pour empêcher la formation d'une peau.

Disposez les lamelles de noix de coco sur le glaçage à la meringue.

GÂTEAU AUX MARGUERITES

ILLUMINEZ UN REPAS DE FÊTE AVEC CE GÂTEAU AUX MARGUERITES GORGÉ DE SOLEIL ET PARTICULIÈREMENT INDIQUÉ POUR UNE GARDEN-PARTY. LE SEUL FAIT DE LE REGARDER INCITE À SOURIRE.

deux gâteaux ronds de 20 cm de
    diamètre (nous avons utilisé un
    gâteau au beurre mais vous
    pouvez également choisir un
    gâteau à la noix de coco)

1 bouquet de marguerites jaunes
1 blanc d'œuf
sucre en poudre
3 cuil. à soupe de la confiture de
    votre choix
colorant alimentaire jaune et vert

Glaçage à la meringue
3 blancs d'œuf
165 g de sucre en poudre
250 g de beurre doux

1 Pour cristalliser les marguerites, mettre le blanc d'œuf dans un bol et le fouetter jusqu'à ce qu'il mousse. Saupoudrer une grande assiette de sucre. Chemiser une plaque à pâtisserie de papier absorbant. Couper les queues des marguerites. S'assurer que les fleurs sont sèches et non abîmées. Travailler avec une fleur à la fois. Enduire les pétales d'une fine couche de blanc d'œuf. Saupoudrer les fleurs de sucre glace, les secouer pour éliminer l'excédent et les faire sécher sur la plaque chemisée. Le temps de séchage dépend de l'humidité ambiante ; compter une heure maximum. Il est très difficile de cristalliser des fleurs par temps humide.
2 Pour confectionner le glaçage à la meringue, mettre les blancs d'œuf et le sucre dans une jatte résistante à la chaleur. Poser celle-ci sur un bain-marie d'eau frémissante sans mettre le fond en contact avec l'eau. Remuer pour dissoudre le sucre mais veiller à ne pas faire cuire les blancs.
3 Lorsque le sucre est dissous, retirer la casserole du feu et battre le mélange au batteur électrique jusqu'à formation de pics. Couper le beurre en 10 morceaux environ et l'ajouter morceau par morceau, en battant après chaque ajout.
4 Avec un couteau-scie, couper la partie supérieure bombée de chaque gâteau pour obtenir une surface plane. Placer un biscuit renversé sur un plat et le tartiner de 2 ou 3 cuillerées à soupe de confiture. Le couvrir du second biscuit. Réserver environ 3 cuillerées à soupe de glaçage et teinter le reste en jaune très pâle. Étaler le glaçage en une couche uniforme sur le dessus et le pourtour du gâteau. Dessiner de vagues sillons à la spatule sur le pourtour du gâteau.
5 Teinter le reste de glaçage en vert et le transférer dans une poche à petite douille ronde. Dresser des tiges des fleurs sur le gâteau et déposer une marguerite cristallisée à l'extrémité de chaque tige. Tailler un V dans l'extrémité de la poche à douille et dresser de petites feuilles accolées aux tiges. Retirer les fleurs avant de manger le gâteau !

À l'avance : ce gâteau peut se décorer plusieurs heures à l'avance si vous le conservez dans un endroit frais et sec. Les fleurs cristallisées ne se conservent pas très bien. Préparez-les le jour même et si nécessaire, conservez-les dans un récipient hermétique placé dans un endroit frais et sec.

Badigeonner les pétales d'une fine couche de blanc d'œuf.

Dessiner des sillons dans le glaçage.

Teindre le glaçage en vert et dresser des tiges de fleur sur le gâteau.

GÂTEAU MERINGUÉ À LA CRÈME

LES OVALES EN MERINGUE MOULÉS ENTRE DEUX CUILLERS SONT APPELÉS « QUENELLES. DISPOSÉES EN COURONNE SUR LE GÂTEAU, ELLES FORMENT UNE DÉLICIEUSE BORDURE EN GUIMAUVE.

deux génoises classiques de 23 cm de
diamètre

75 g de sucre en poudre
300 g de framboises, un peu plus
pour décorer
90 g d'amandes effilées, grillées
2 cuil. à soupe de confiture d'abricots
sucre glace, pour saupoudrer

Fourrage à la crème
2 cuil. à soupe de préparation pour
crème anglaise
2 cuil. à soupe de maïzena
55 g de sucre en poudre
1 cuil. à café d'extrait naturel
de vanille
500 ml de lait
2 œufs, battus

Garniture meringuée
4 blancs d'œufs
250 g de sucre en poudre

1 Mélanger le sucre et 160 ml d'eau dans une petite casserole ; remuer sur feu moyen jusqu'à dissolution du sucre puis laisser frémir 2 minutes. Laisser refroidir.
2 Pour confectionner le fourrage, mélanger la préparation pour crème anglaise, la maïzena, le sucre et la vanille dans une casserole avec un peu de lait. Remuer jusqu'à obtention d'une crème onctueuse. Incorporer le reste de lait et les œufs, bien mélanger. Remuer jusqu'à ce que la crème boue et épaississe. La transférer dans une jatte et couvrir de film alimentaire pour prévenir la formation d'une peau. Remuer de temps en temps pour refroidir la crème.

3 Partager chaque génoise en deux à l'horizontale. Poser un des biscuits sur une plaque à pâtisserie chemisée de papier sulfurisé. Badigeonner de sirop de sucre refroidi. Battre la crème anglaise avec une cuiller en bois pour la ramollir légèrement. Étaler un tiers de la crème sur le biscuit, parsemer d'un tiers de framboises puis couvrir d'un second biscuit. Continuer en alternant crème, framboises et biscuit. Terminer par un biscuit. Couvrir et réfrigérer au moins une heure.
4 Préchauffer le four à 250 °C. Battre les blancs en neige ferme. Ajouter peu à peu le sucre en battant bien après chaque ajout jusqu'à dissolution. Étaler une fine couche de meringue sur toute la surface du gâteau. Tapisser le pourtour d'amandes. Avec deux petites cuillers, façonner le reste de meringue en petits ovales : tremper brièvement les cuillers dans l'eau, prendre une petite quantité de meringue avec une des cuillers et utiliser la seconde cuiller pour retirer la meringue de la première cuiller et la déposer sur le dessus du gâteau pour former une couronne.
5 Enfourner le gâteau 2-3 minutes ou jusqu'à ce que la meringue soit à peine dorée sur les côtés. Il faudra peut-être tourner le gâteau en cours de cuisson. Le transférer sur un plat de service. Chauffer la confiture d'abricots dans une petite casserole, la passer au chinois et l'étendre sur les ovales en meringue. Garnir le milieu du gâteau de framboises fraîches et saupoudrer de sucre glace.

À l'avance : sans la garniture meringuée, ce gâteau se conserve pendant deux jours maximum. Garnissez-le de meringue le jour où vous le servez.

Confectionner les ovales en meringue (quenelles) avec deux cuillers à dessert.

Disposer les ovales en couronne sur le dessus du gâteau.

Enduire les ovales de confiture passée au chinois.

Index

Index

REMERCIEMENTS

Responsable projet : Jane Price **Édition :** Roslyn Anderson, Kerrie Ray, Dimitra Stais, Jody Vassallo, Penny McGregor, Alison Moss **Conception graphique :** Michèle Lichtenberge. **Recettes :** Amanda Cooper, Michelle Earl, Rosemary Mellish, Jody Vassallo **Stylisme :** Carolyn Fienberg **Photographies :** Jon Bader, Reg Morrison **Préparation :** Jo Forrest **Conseillers :** Michelle Lawton, Kerrie Mullins **Directrice éditoriale :** Juliet Rogers **Publication :** Kay Scarlett

Titre original : *Making Beautiful Cakes*

© 2012 - Newcaal srl - Rome, Italy

ISBN: 9 782 350 336 527

Impression: Arti Grafiche Boccia (Sa)